皇家军骑士的乐园
桑赫斯特皇家军事学院

王子安◎主编

汕头大学出版社

图书在版编目（ＣＩＰ）数据

皇家军骑士的乐园——桑赫斯特皇家军事学院 / 王子安主编. -- 汕头：汕头大学出版社，2012.4（2024.1重印）
 ISBN 978-7-5658-0696-4

Ⅰ．①皇… Ⅱ．①王… Ⅲ．①桑赫斯特皇家军事学院－概况 Ⅳ．①E561.3

中国版本图书馆CIP数据核字(2012)第066425号

皇家军骑士的乐园——桑赫斯特皇家军事学院

主　　编：	王子安
责任编辑：	胡开祥
责任技编：	黄东生
封面设计：	君阅天下
出版发行：	汕头大学出版社
	广东省汕头市汕头大学内　邮编：515063
电　　话：	0754-82904613
印　　刷：	河北浩润印刷有限公司
开　　本：	710mm×1000mm　1/16
印　　张：	11
字　　数：	80千字
版　　次：	2012年4月第1版
印　　次：	2024年1月第2次印刷
定　　价：	50.00元

ISBN 978-7-5658-0696-4

版权所有，翻版必究
如发现印装质量问题，请与承印厂联系退换

目 录

历史回眸

学校雏建与发展变迁 …………………………… 3
老学院与滑铁卢战役 …………………………… 8

枭雄风采

蒙哥马利的多彩人生 …………………………… 21
亚历山大缅甸情怀 ……………………………… 34
罗伯茨元帅战场风姿 …………………………… 45

"间谍"揭秘

007 詹姆斯·邦德之父 ………………………… 81

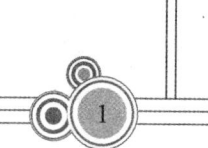

走进科学的殿堂

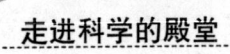

王室"寻兵"

"坏学生"成长为首相 …………………………………… 105
王子兄弟从军记 ……………………………………… 121

异域王侯

文莱苏丹富甲天下 …………………………………… 133
卢森堡亨利成长历程 ………………………………… 144
约旦少年国王侯赛因 ………………………………… 152

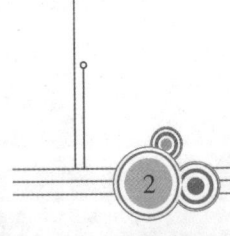

历史回眸

皇家军骑士的乐园——桑赫斯特皇家军事学院

学校雏建与发展变迁

英国陆军皇家桑赫斯特军事学院，迄今已有 260 多年的历史。该学院是英国培养初级军官的一所重点院校，也是世界训练陆军军官的老牌和名牌院校之一，曾与美国西点学校、俄罗斯伏龙芝军事学院以及法国圣西尔军校并称世界"四大军校"。

西点军校一景

走进科学的殿堂

英国陆军皇家桑赫斯特军事学院虽然培育的是初级指挥人员,但它对英国军队和社会的影响同样是巨大的。

英国陆军皇家桑赫斯特军事学院建立可以追溯到1741年4月30日。那一天,经国王乔治二世亲自批准,英国皇家第一所军校桑赫斯特皇家军事学院的前身在伍尔维奇成立了,建校主要为皇家炮兵团培训军官。经过不断的发展,皇家工程兵、皇家通信兵、皇家装甲兵等自1920年也相继建立了军事学院。第二次世界大战爆发后,学校关闭。直到1947年,英军将其与皇家军事学院合并,正式改称皇家陆军桑赫斯特军事学院,并在当年即1947年1月3日开学。

桑赫斯特皇家军事学院

学院老楼区是1801—1812年间设计和施工的,并于后来修补建成。楼区一层多为会议室和学习教室,上层为连部办公室、连军官室、学习教室、罗马天主教堂。学员宿舍也有部分在楼内。总之,老楼区是桑赫

皇家军骑士的乐园——桑赫斯特皇家军事学院

斯特校园最壮观的楼群。

红砖结构的新楼群始建于1911年。主要设施可容纳6个学员连420名住宿生。在建筑风格上具有印度新德里特色。

邱吉尔大楼区是以温斯顿·邱吉尔的名字命名的，是最现代化的建筑群。它包括容纳1200人座位的大厅、维克多利学院的东楼区和桑赫斯特军事学院的校部办公区。这是1970年建成的，其设计师戈林斯、梅尔文、瓦德和巴特纳等荣获了建筑学会奖。

学院的中央图书馆藏书15万册，另外还有许多油画、礼品等。墙上还专辟学院优等生的名单录。他们均被授予维多利亚十字勋章、荣誉剑和其他礼品。桑赫斯特校园的建筑群及其装饰品、陈列品，犹如一座古今结合的军事博物馆，使一批又一批英国学员从中吸取所需知识与力量。

温斯顿·丘吉尔

英军老学院、新学院、维克多利学院三所院校驻在桑赫斯特，直到1970年。在院校集中与合并中，桑赫斯特集中了更多的军官训练机构而形成今天的规模。据英国官方统计，目前英军中80%的军官是从这里培训出来的。可见它的重要作用和无法比拟的地位。

仅从1947年到1990年12月，总共培训各类军官学员23993名，

历史回眸

走进科学的殿堂

其中包括来自海外74个国家的学员。1990年被正式任命为军官的776名学员中，有317名获英国大学的学位，56名为来自海外的学员，68名为女军官。这里出来的毕业生，有的战功卓著，有的战死沙场，有的身居高位，有的海外留名。历史上，英国军队陆军参谋长大多是由该校毕业生担任。

桑赫斯特军事学院教育训练的目的是：培养合格领导人才，并为军兵种年轻军官提供所需的基础知识，以使他们适于担任初级指挥官。皇家军事学院的办校宗旨是：使军官学员全面了解自己所从事的职业及担负的职责，培养基本的领导和管理才能、纪律观念和责任感，提高身体素质。

皇家军事学院的入校训练，并不像美国西点军校那样的"野蛮"，而是在保持英国绅士风度的前提下，将学员从老百姓向军人转变。如新

西点军校一景

皇家军骑士的乐园——桑赫斯特皇家军事学院

学员入学后头5周的生活，排得满满的。新学员忙得抬不起头，目的是使自己由老百姓变成军人，组成一个集体（群体）。最初的标准是学会理发、擦皮鞋、换装、清扫房间，还要接受不断的检查、训话等等，实用意义很强。

学员要获得荣誉剑、女王奖章是相当难的。最初5周之后，学员感到稍为轻松些。然而体育训练、智力考核也是非常严格的、多样化的，既有在教室的听讲、运动场的锻炼，还有在各种地形、不同地区的野外演练。桑赫斯特通过这一切造就新一代军官。毕业检阅之后，军官学员则成为正式军官，开始军旅的新生活。

英国皇家陆军桑赫斯特军事学院虽然培育的是初级指挥人员，但它对英国军队和社会的影响同样是巨大的。20世纪70年代，英国皇家建军宣布：凡是要到正规陆军去就任的军官必须要经过桑赫斯特军事学院的培训。这个规定就证明了这所军校在英国社会的地位。目前，这所军校按照"当好军事领导者"这条校训，以英国人的精细和英国陆军的自豪昂首阔步地稳步前进。

历史回眸

走进科学的殿堂

老学院与滑铁卢战役

桑赫斯特皇家军事学院位于伦敦市西48公里处的伦敦路北侧,占地面积3.54平方公里,折合875英亩。学校与19世纪中期的英国皇家

伦敦一景

皇家军骑士的乐园——桑赫斯特皇家军事学院

参谋学院同址。学院下设军事科技、作战研究和国防事务等科室，由五个分学院组成，即新学院、老学院、胜利学院、施里文汉学院和女官军学院。

桑赫斯特皇家军事学院每个学院的楼群建筑风格和特色各有千秋，巧妙地将皇家陆军的历史、传统和战绩以及殖民地文化有机地结合起来，使学员在其中就能感受到皇家军官的荣誉。

桑赫斯特军事学院中著名的老学院因为有战胜拿破仑的滑铁卢战役的纪念厅和物品，并用类似于殿堂的参观方式摆放，在所有的楼群中显得十分壮观。在新学院楼广场南侧有两座纪念碑。一座是"隆伯格石"纪念碑，这是蒙哥马利元帅在1945年5月接受德国北部的德军投降的珍品，于1958年迁到桑赫斯特；另一座为法国王子英皮里尔的立像，他是被流放的拿破仑三世之子，曾在皇家伍尔维奇军事学校学习，在1879年佐鲁战争中丧生。立像是二战后迁到桑赫斯特校园的。总之，桑赫斯特校园的建筑群及其装饰品、陈列品，犹如一座古今结合的军事博物馆，使一批又一批英国学员从中吸取所需知识与力量，学院的中央图书馆藏书15万册，另外还有许多油画、礼品等。墙上还专辟学院优等生的名单录。他们均被授予维多利亚十字勋章、

拿破仑三世像

荣誉剑和其他礼品。

看到老学院，仿佛又看到了1815年的滑铁卢战役。1815年6月18日爆发的滑铁卢战役，是世界军事史上一次著名的战役。

俄、英、普、奥等组成的第6次反法联盟，终于打败了拿破仑，拿破仑被迫退位，被放逐到他的领地厄尔巴岛上，波旁王朝就此复辟。

厄尔巴岛一景

拿破仑并不甘心自己的这次失败，他仍然在关心着时局的发展。1815年初，反法联盟在维也纳开会，由于分赃不均而大吵大闹，以至于剑拔弩张、横刀相向。同时，法国人民由于封建贵族的残酷统治，越来越不满意波旁王朝的统治而更加怀念拿破仑时代。

拿破仑见时机已成熟，便决定东山再起。

1815年2月26日夜，拿破仑率领1050名官兵，分乘6艘小船，巧妙躲过监视厄尔巴岛的波旁王朝皇家军舰，经过三天三夜的航行，于3月1日抵达法国南岸儒昂湾。拿破仑感慨万端、兴致勃发，立刻在岸上

皇家军骑士的乐园——桑赫斯特皇家军事学院

发表了热情洋溢的演说："士兵们，我们并未失败！我时刻在倾听着你们的声音，为我们的今天，我历经重重艰辛！现在，此时此刻，我终于又回到了你们中间。来吧，让我们并肩战斗！胜利属于你们，荣誉属于你们！高举起大鹰旗帜，去推翻波旁王朝，争取我们的自由和幸福吧！"

士兵们在拿破仑的鼓舞下，热血沸腾。部队开始进军巴黎。沿途所到，不少人欢呼雀跃。波旁王朝派出的阻击部队，因多是拿破仑旧部，所以纷纷归附，这样，到3月12日，拿破仑未放一枪一弹，顺利进入巴黎。此时，他的部队已发展到1.5万人。路易十八看到大势已去，仓皇逃出巴黎。3月19日，拿破仑在万民欢呼声中，重登王位。

拿破仑画像

正在维也纳开会的反法联盟各国首脑，惊恐万状，立刻停止争吵，并马上拟定了临时宣言，称拿破仑是世界和平的扰乱者和敌人，他"不

走进科学的殿堂

受法律保护"。与此同时，他们迅速集结兵力，到 3 月 25 日，英、俄、普、奥、荷、比等国结成了第 7 次反法联盟，并有重兵 70 万。联军准备分头进攻巴黎：巴克雷指挥 17 万俄军和 25 万奥军集结在莱茵河方面，向洛林和阿尔萨斯推进；弗里蒙指挥奥—撒丁联军 6 万，集结于法意边境，准备随时向法进军；普鲁士的布吕歇耳元帅率 12 万普军、300 门大炮在沙罗瓦和列日之间集结；英国的威灵顿将军指挥一支由英、德、荷、比人组成的混合部队约 10 万人、200 门大炮，驻扎在布鲁塞尔和蒙斯之间。另外，联军还有一支 30 万人的预备队。联军约定在 6 月 20 日左右开始行动。

法军方面，拿破仑也在加紧备战，到 6 月上旬，已有 18 万人集结在鹰旗之下，他希望到 6 月底能有 50 万人上阵。但令拿破仑遗憾的是，

历史回眸

路易十八画像

过去富有作战经验的老将已经不愿意再为拿破仑效力,这对法军来说是非常不利的。

对于联军的强大阵容,拿破仑认真地进行了分析,他决定要化被动为主动,以攻为守。他认为对他们来说威胁最大的是比利时方面的英普军队,所以要集中主要兵力对付,而莱茵河、意大利方面的联军,只要

布鲁塞尔一景

派少量兵力进行牵制就行了。同时,他还决定,要趁联军尚未会齐的时候,争取战机,率先击溃英普联军,打败了威灵顿和布吕歇耳这两个老将,其他联军便好应付了。

计划已定,拿破仑便于6月12日派12.5万法军(其中有近卫军2万人)、火炮300门,悄悄移动到比利时边境,驻扎到离普军只隔一片

走进科学的殿堂

密林的地方。6月16日下午2时，战斗打响。法军主力7万人在林尼附近同普军主力8万人交战，拿破仑另派5万兵力牵制英军，他希望能够把英、普军队切开，然后各个击破。战斗进行得异常激烈，又加上天公不作美，下起了大雨，枪炮声、雷雨声相互交加、轰轰作响，一直到傍晚雷雨过后，布吕歇耳才发现，法军已占领了林尼村，普军防线已被切断。而且，法军迅速包围了普军，布吕歇耳也被摔伤。普军见形势不

历史回眸

莱茵河一景

利，四散溃逃。拿破仑认为普军败局已定，令法军休息一日，然后才令格鲁希元帅追击普军残兵。就这样，他们坐失了歼灭普军的大好时机，逃散的普军在瓦弗方面重新集结，对法军构成了新的威胁。

击溃了普军的拿破仑，亲率大军转攻英军，威灵顿听到布吕歇耳战

败，害怕孤军作战，便迅速撤退到滑铁卢方向。法军将领内伊受命拦截英军，但内伊优柔寡断，英军顺利撤走。拿破仑气愤异常，也尾随英军至滑铁卢附近。

这时，被拿破仑击溃的普军重新集结，兵分两路，一路增援滑铁卢附近的英军，一路直接围攻法军右翼。威灵顿率6万余英军、大炮156门，在滑铁卢村南布阵。阵地后方是圣让山，前面地势低洼，左侧是几个小村和沼泽、灌木林，右侧有坚固的乌古蒙堡垒，阵地中央是圣拉埃村。威灵顿号称"铁公爵"，在战术上长于防守而短于进击，所以在与

滑铁卢之战

拿破仑交战之前，他更加谨慎，着重防守，这一正确战术原则为他最后胜利奠定了基础。

滑铁卢总决战之前，拿破仑只率7万士兵、270门大炮，但这些大

炮因为天下大雨而只有一小部分进入阵地。拿破仑将总预备队置于中央后方，并正确判断出英军弱点在其中段，所以他决定佯攻英军右翼而重点攻击中部。

6月18日上午11时决定历史进程的时刻到来了。法军抢先开炮，向英军右翼乌古蒙堡垒射击，形成对峙。中午1时，拿破仑按照计划，准备进攻英军中部，但情况发生了重要变化，布吕歇耳率普军一部分及时赶到，拿破仑不得不从预备队中抽出2个骑兵师迎击布吕歇尔。同时，拿破仑急速传令格鲁希元帅让其增援，然后率部猛攻英军中部阵地。威灵顿顽强抵抗，双方互相争夺，伤亡都很大，下午6时，拿破仑令内伊元帅要不惜一切代价攻克英军中部，内伊不愧为"勇士中的勇士"之称，经过奋勇拼杀，终于完成任务，占领了圣拉埃村。英军无力支撑，法军也疲惫不堪，双方都在焦急地等待援军，谁先

英勇善战的拿破仑

皇家军骑士的乐园——桑赫斯特皇家军事学院

到达一步，谁就会左右历史进程，这才是极其关键的历史时刻。

黄昏时分，终于从远处飞驰过来大队人马，双方都在祈祷上帝：来的是自己人！终于那支部队走近了，双方都看得非常清楚，那高高飘扬的是普鲁士军旗！

最后，英军盼来了布吕歇尔的3万援兵，而法军的援军却没来。英

圣赫勒拿岛一景

军士气高涨，精神振奋，威灵顿立即命令部队作最后反击，英普联军热血沸腾，疯狂地扑向少气无力的法军。

拿破仑见状，内心暗骂格鲁希"死在了何处！"此时此刻，他也深感大势已去，但仍然在作最后的决战。他立即命令近卫军投入战斗，拼

走进科学的殿堂

死抵挡联军的进攻，但已无回天之力，终因腹背受敌而全军溃败。拿破仑乘马逃出战场，仓惶离去。

不管怎么说，拿破仑大败于滑铁卢，格鲁希负有不可推卸的责任。

1815年6月21日，拿破仑败归巴黎，百万反法联军也长驱直入进入法国边境。7月7日，联军进入巴黎，拿破仑宣布退位，结束了他的"百日执政"。不久，拿破仑被流放到位于大西洋南部、远离欧洲大陆的圣赫勒拿岛。直到1821年5月死去。

这就是那段难以忘却的历史，这就是英国皇家陆军桑赫斯特军事学院老学院留给人们永久的回忆。

历史回眸

枭雄风采

皇家军骑士的乐园——桑赫斯特皇家军事学院

蒙哥马利的多彩人生

伯纳德·劳·蒙哥马利（1887—1976年），英国陆军元帅，军事家。第二次世界大战期间英国武装部队杰出的领导人之一。

1887年11月17日，蒙哥马利出生在伦敦肯宁登区圣马克教区的一个牧师家庭。1901年他14岁时才正式上学，文化成绩差，但体育成绩极棒。1907年，他20岁时奇迹般地考入了桑德赫斯特英国皇家军官学校。1908年12月毕业后，加入了驻印度的皇家沃里克郡团，当一名少尉排长。参加过第一次世界大战，曾负重伤，差点送命。1918年大战结束时，任师司令部中校一级参谋。

伯纳德·劳·蒙哥马利

1920年1月，蒙哥马利跨进坎伯利参谋学院的大门，并于同年12月毕业后，参加了爱尔兰战争。1926年1月，被调回参谋学院任教官。就在这一年，他开始了一生坎坷的爱情历程。

走进科学的殿堂

蒙哥马利年轻时讨厌社交生活和宴会,他全身心地扑在了事业上。因此他认识的女性寥寥无几,到了38岁仍然没有结婚。有的人开玩笑

今日爱尔兰

说:"军队就是蒙哥马利的妻子。"

1926年1月,蒙哥马利来到了有"欧洲屋脊"之称的瑞士度假。一天,蒙哥马利望着白雪皑皑的远山,思绪如潮,兴致盎然,他把雪捏成结实的雪团,朝不远处的一个木桩砸去。雪团与木桩撞击,瞬间变成了雪花,纷飞落地,颇有一番情趣。这时,他突然听到一位女性叫"好"的声音。他回头一瞧,一位美丽的女子出现在眼前,他顿时被这位充满活力的女性所吸引。但一向不懂得怎么与女性打交道的蒙哥马利,一时不知所措,错过了表白的机会。

回到英国后,蒙哥马利始终对那次邂逅念念不忘。一年以后,蒙哥马

皇家军骑士的乐园——桑赫斯特皇家军事学院

利忍不住再次来到瑞士,寻觅那个令他神魂颠倒的女子。也许是天赐姻缘,蒙哥马利恰好又在同一个地方遇到那个深深印在他脑海中的可爱女子。

这一回,蒙哥马利了解了她的一切。她叫贝蒂,丈夫在第一次世界大战中阵亡,留下两个男孩儿。蒙哥马利一方面对贝蒂的不幸遭遇深表同情,另一方面又为她的坚毅、温柔、端庄和纯真所吸引。蒙哥马利丝毫没有嫌弃这位曾结过婚,又带着两个孩子的女性。随着两人交往的时间越长,蒙哥马利就愈发不能自拔,终于鼓起勇气对贝蒂表白了自己的爱意,贝蒂愉快地接受了蒙哥马利的爱。1927年7月27日,40岁的蒙哥马利与39岁的贝蒂喜结良缘。

结婚以后,蒙哥马利与贝蒂相亲相爱,一家人生活得甜甜蜜蜜。第二年,蒙哥马利喜得贵子,取名叫戴维。这个金发碧眼的小男孩儿十分招人喜爱,为这个本来就很幸福的家庭又增添了新的快乐,也让蒙哥马利领略到更多的生活乐趣。

然而贝蒂自从生了戴维之后,身体一直不太好。1937年的一天,贝蒂在陪儿子玩耍时不慎被一只虫子叮了一下,当时贝蒂并没有在意,谁知当晚她的腿就开始肿痛,不得不被紧急送到医院就诊。诊断的结果让人大吃一惊,她竟然得了败血症。蒙哥马利闻讯后心如刀绞,此后他尽可能把所有的时间都花在医院,给妻子以体贴入微的照顾和感情上的安慰,但妻子的病情却日渐严重,毒素沿着贝蒂的腿慢慢向上蔓延。在征询蒙哥马利的意见后,医生给贝蒂做了截肢手术,但病情仍未好转。1937年10月19日,贝蒂安然死在蒙哥马利怀中。

爱妻的病逝对蒙哥马利是一个沉重打击,使他陷于极度的痛苦之中。从此,他把对妻子的深爱转到了儿子身上,并且用主要精力专心研

走进科学的殿堂

究战争，投身于军人的事业上。当几年后蒙哥马利从失去妻子的悲哀和痛苦中走出来的时候，有些人悄悄在私下议论："蒙哥马利大概又要结婚了。"蒙哥马利听后说："我不相信一个人能有两次恋爱，像我对贝蒂这样的爱，永远不可能有第二次。"

蒙哥马利确实做到了这一点，一直到他1976年逝世为止，蒙哥马利再没有对任何一位女性动过心。

1930年，陆军部选派他担任步兵教令的重编工作。1934年被任命为奎达参谋学院的首席教官。1937年，调任第9步兵旅旅长，因带兵有方，得到当时南部军区司令韦维尔的赏识。1938年10月任驻巴勒斯坦第8师师长，参与镇压巴勒斯坦人的武装暴动，被晋升为少将。1939年8月，调回国内接任以"钢铁师"著称的远征军第3师师长。

英吉利海峡一景

皇家军骑士的乐园——桑赫斯特皇家军事学院

第二次世界大战爆发后，蒙哥马利任第三师师长，率部队赴法国和比利时抗击德军。蒙哥马利率第3师随同英远征军横跨英吉利海峡，进入法国。1940年5月，德军闪击西欧时，他与法国、比利时军队并肩作战，后被迫随英远征军从敦刻尔克撤回英国。1941年先后任第5军、第12军军长。12月又升任东南军区司令，负责选拔、调整、培养各级指挥官，严格训练部队，提高军事素质。

1942年7月，北非沙漠中的英国第8集团军，被"沙漠之狐"隆美尔的德国非洲军团击败，退守埃及境内的阿莱曼地区。在这危急关头，蒙哥马利被派往北非，出任英国驻北非第8集团军司令。蒙哥马利是一位谨慎从事，善于把战略、战术联系起来考虑的军事家，他亲自制订了全歼非洲军团的计划，并认真检查每项准备工作。这次作战计划是要骗过德国将领隆美尔，不让他发现英军主动进攻的企图，具体行动就是在阿拉曼南面佯攻，在北面准备真正的进攻。激战前夕，隆美尔加强了对英军阵地的空中侦察。蒙哥马利指挥第8集团军的坦克部队，在一夜之间将所有的战车转移出集结地，换上了逼真的假目标。英军的保密工作做得十分出色，骗过有"沙漠之狐"之称的隆美尔。阿拉曼决战始于

隆美尔

走进科学的殿堂

1942年10月23日深夜,蒙哥马利指挥的英军锐不可当,势如破竹,用十几天时间,迫使隆美尔的部队连续后退600多公里,伤亡惨重。消息传到英国,首相丘吉尔下令敲响报捷的钟声。阿拉曼大捷扭转了北非战场的危急局势,给英国人民一剂强心剂,蒙哥马利也随之升迁,翌年荣升英国元帅,并受封阿拉曼子爵。

1943年7月,蒙哥马利率英军在西西里登陆。9—12月,协同美军实施意大利战役,进军意大利半岛。1944年1月,调任盟军第21集团

枭雄风采

西西里一景

军群司令兼地面部队司令,参与诺曼底登陆战役的计划制定工作。1944年6月率领第21集团军在诺曼底登陆,此后转战西北欧,参与指挥了沙纳姆战役和阿登战役。1944年9月1日,蒙哥马利被英国王室晋升为元帅。1945年3月,蒙哥马利率英美联军强渡莱茵河,之后便日夜兼程,向波罗的海进发。5月,驻荷兰、德国西北部和丹麦的150万德军

向蒙哥马利投降。

第二次世界大战结束后，蒙哥马利被任命为英国驻德占领军总司令和盟国对德管制委员会英国代表。1946年至1948年任英帝国总参谋长，封子爵。1948年10月出任西欧联盟各国陆海空军总司令委员会常任主席。1949年4月，美国与西欧11国签订了北大西洋公约，12国共同结成防务联盟。1951年4月2日，北大西洋公约组织最高司令部成立，美国的艾森豪威尔将军任最高司令部司令，蒙哥马利任最高副司令。

1958年，蒙哥马利结束了50年的军旅生涯而退休，成为英国历史上服役最久的将领。

喜欢写作的蒙哥马利，退休后继续开始撰写回忆录和著书立说，一生著有《蒙哥马利元帅回忆录》、《一种趋于明智的态度》、《走向领导的途径》、《战争史》、《为将之道》、《从阿拉曼到桑格罗河》、《从诺曼底到波罗的海》等书。

艾森豪威尔

蒙哥马利退休之后继续参加国际国内政治活动达10年之久，出访了许多国家，广结政界要人。

1958年9月，退役后的蒙哥马利在反省他的军事生涯时发现，用战争消灭战争以取得和平的想法是一种幻想。他苦苦思索，希望找到一种结束纷乱状况并使世界和睦相处的方法。蒙哥马利于是把目光投向东

走进科学的殿堂

方,并大胆预测,未来世界和平的关键可能在中国,因此他想到中国去看一看。

蒙哥马利访华的一个重要目的是想了解毛泽东,因为西方很少有人同毛泽东谈过话,尽管如此,很多人都在描写他,他通常被描写成一个"残暴的统治者"。

1960年5月24日,蒙哥马利访华。5月27日晚上,毛泽东主席在上海会见了蒙哥马利。毛泽东的开场白令蒙哥马利大吃一惊:"你知道你在同一个侵略者谈话吗?你在同一个侵略者谈话。在联合国,我国被扣上了这样的称号,你是否在乎同一个侵略者谈话呢?"

蒙哥马利笑了笑。朝鲜战争期间,联合国曾经通过一个决议谴责中国"侵略",元帅自己也曾有过这样的观点。令他

毛泽东

始料不及的是,毛泽东竟会用这种方式开始他们之间的谈话。

交谈过程中,蒙哥马利忽然问到这样一个问题:"将来中国成为拥有超过10亿人口的强国,那时将会发生什么情况?您的国家的最终目标究竟是什么?"毛泽东听出了话外之音,当即点明:"哦,你是否认为那时中国将向外国发动侵略?"

"我并不愿意这样设想,但历史的教训是,当一个国家强大以后,便要攫取外国领土,这样的例子很多,包括我的国家。"蒙哥马利说。

毛泽东说:"新中国绝不会越出边界侵略别人,也不企图将共产主义思想强加给别的国家。中国深受外国的侵略和欺凌,我们只要求外国不要干涉中国的事情,即使我不在世的时候,中国也不会扩张侵略。"

与毛泽东谈话,蒙哥马利时时能感受到毛泽东卓越的才智和他那非凡的幽默。

蒙哥马利第一次到中国只作了5天短暂访问,他感到意犹未尽。临走时,他向周恩来表示,很想再来一次以便进一步了解中国。周恩来表示欢迎。

此次来中国,留给蒙哥马利印象最深的是他听到最多的话:"毛主席说……"

1961年9月蒙哥马利第二次访华。这一次中国外交部作了周密安排:9月9日至20日先后访问包头、太原、延安、西安、三门峡、洛阳、郑州、武汉,回北京后由周总理跟他谈,届时再同毛泽东见面。周恩来还特意

熊向晖

把熊向晖找去，要他以外交部办公厅副主任的名义参加接待小组，陪蒙哥马利去外地。周总理说："要放手让蒙哥马利看，旧中国遗留下的贫穷落后和新中国取得的成就都是客观存在的，让他自己看后去作结论，从本质上了解中国。"

9月9日，蒙哥马利开始到各地参观。他注意到，在他所到之处，人们一开口总会带出一句非常普遍的口头禅："毛主席说……"

在访问洛阳拖拉机厂时，一位负责人对他说："毛主席说：'农业的根本出路在于机械化'。"他在访问一个医疗部门时，医生说："我们是在照毛主席说的做，'救死扶伤，实行革命的人道主义'。"

在天津附近的杨村某步兵师参观时，看完新兵打靶，他同战士进行了简单的交谈，交谈中他提出了一个问题："在中国的领袖当中，你最听谁的命令？你最拥护谁？""毛主席！"大家异口同声地说。

蒙哥马利跑了许多小城镇、乡村，不厌其烦地提出类似的问题。但是每次得到的回答都是一致的。他得出结论：在这个国家，威望最高、能指挥所有人的人只有毛泽东。

蒙哥马利对中国的调查不仅仅局限于领导人，而且还细致地调查人民的日常生活。在延安，蒙哥马利起了个大早，散步到自由市场，同那些卖镰刀、蔬菜的人广泛交谈，而后又走进了路边的男子公共浴室，审视着浴池里的一个个裸体。陪同人员大为惊讶，不明白这位元帅为什么对公共浴池感兴趣。从浴室出来后，蒙哥马利说："这里的人肌肉都很好，丝毫看不出饥饿的迹象。"

1961年9月23日中午，蒙哥马利从北京坐专机抵达武汉。晚上6时半，蒙哥马利来到了风景秀丽的东湖，在这里再次与毛泽东见面。

皇家军骑士的乐园——桑赫斯特皇家军事学院

"你好!"毛泽东微笑着用英语向蒙哥马利问好。蒙哥马利感到非常亲切。

蒙哥马利说:"我参加过西方防务机构的工作。我认为西方陷入了一个烂泥坑,而西方的政治领袖似乎找不到摆脱这个泥坑的办法。我得出的结论是,在德国和中国问题上,西方完全缺乏常识。"毛泽东说:"不是整个西方,缺乏常识的只是美国。"蒙哥马利说:"还有别的人。"毛泽东说:"别的人是跟着美国走。"毛泽东接着问:"元帅今年多大岁数?"蒙哥马利回答说:"74岁。"毛泽东说:"哦,过了73岁了。"

毛泽东点燃一支烟,慢悠悠地说:"中国有句俗话:'七十三,八十四,阎王不叫自己去。'如果闯过了这两个年头就可活到100岁。"

毛泽东缓缓地说:"我们说的阎王,就是你们说的上帝,我只有一个五年计划呀,到时候,我就要去见我的上帝了,我的上帝是马克思啊"。

蒙哥马利激动地说:"通过访问,我感到中国人民需要你,你不能离他们而去,你至少应该活到84岁。"

毛泽东将手在空中有力地挥了一挥,非常利索地说道:"不行,我有很多事情要跟马克思讨论,在这里再呆4年已经足够了。"

蒙哥马利也以幽默的口吻说道:"要是我知道马克思在哪里,我要告诉他,中国人民需要你,你不

马克思

枭雄风采

走进科学的殿堂

能到他那里去,我要同他谈谈这个问题。"在座的都笑了,毛泽东笑得最开心。

谈话持续到9时30分,蒙哥马利拿了一盒英国的"555"牌香烟。毛泽东接过烟,道了一声谢谢,随即也叫人送了一些名茶给蒙哥马利。快到分手的时候了,蒙哥马利问毛泽东是否有时间明晚再谈一次。毛泽东告诉他因为第二天就要离开武汉,回北京参加国庆庆祝活动,因此不能与他谈了,不过以后还会有机会见面的。

9月24日,是中国的中秋节。蒙哥马利没有料到,凌晨5时左右,毛泽东改变计划,决定当天下午再同他会谈一次,并共进午餐。蒙哥马利非常高兴。这次追加的谈话是从下午2时30分开始的。

由于要和毛泽东见面,蒙哥马利访华前研究过毛泽东的一些著作,毛泽东"枪杆子里面出政权"的论断给了他极其深刻的印象。作为一名西方军人,他对这句话的含义的理解不会像中国军人那样明确和深刻。他想就这个问题当面向毛泽东请教。他问:"这句话是不是你说的?如果是你说的,究竟是什么意思?"毛泽东说:"是我的话,是在漫长的革命年代里说的,记不起说这话的确切时间了。"蒙哥马利觉得这句话有军人专政的味道。毛泽东却不这样看,他认为,革命不能没有战斗,有战斗当然就需要枪杆子。"那么,在和平的日子里,这句话是否还有效?"蒙哥马利问。"当然!"毛泽东用很慢很慢但极其坚决的口气说。

蒙哥马利接着向毛泽东询问中国的领导人问题:"我认识许多国家的领导人,我注意到他们很不愿意说明他的继承人是谁。主席现在是否已明确,你的继承人是谁?"毛泽东说:"很清楚,是刘少奇,他是我们党的第一副主席。我死后,就是他。"蒙哥马利又问:"刘少奇之后

皇家军骑士的乐园——桑赫斯特皇家军事学院

是周恩来吗？"毛泽东说："刘少奇之后的事我不管……"

谈话进行到下午5时，毛泽东邀蒙哥马利坐船，看他在长江游泳。毛泽东游了近一个小时，他对蒙哥马利说："你下次访问中国时，我们做横渡长江的比赛，好吗？"蒙哥马利欣然答应。

第二天，蒙哥马利将要回国。毛泽东送他一件礼物：亲笔书写的自己的词《水调歌头·游泳》，上面题写着：赠蒙哥马利元帅。蒙哥马利连声向毛泽东道谢。

毛主席在长江游泳

在周总理为他举行的饯行宴会上，蒙哥马利深有感触地说，中国人民的命运已经掌握在自己手中，全中国人民是坚强团结的，他们12年来在毛泽东主席的领导下取得了巨大成就。

回到英国后，蒙哥马利多次撰文告诉西方：东方的中国是一个友好的民族，他们在共产党的领导下经过几年努力已经取得很大的成就，他们有能力成为世界杰出的一员。当然这个国家还有一定的问题需要解决。

蒙哥马利元帅还强调"承认一个中国是缓和国际紧张局势的原则之一"。作为中国人，我们应该感谢这位军事家，这位中国人民的朋友。

1976年3月25日，这位传奇元帅在英格兰汉普郡奥尔顿的家中去世，享年88岁。

走进科学的殿堂

亚历山大缅甸情怀

英雄风采

亚历山大是第一次缅甸战役时的英缅军总司令,战后曾出任英国国防大臣。

亚历山大1891年12月10日出生于爱尔兰。1911年,毕业于英国桑赫斯特皇家军事学院,入爱尔兰近卫军任少尉军官。第一次世界大战期间历任排长、连长、营长和临时旅长。1918—1919年,在英国驻波兰军事代表团任职。1919年奉命指挥兰德斯威旅参加对苏俄的武装干涉,次年回国任营长。1926年进入坎伯利参谋学院深造,次年毕业后赴陆军部和北方军区任职。1930年从帝国国防学院毕业,1934年任印度军旅长。

亚历山大司令

皇家军骑士的乐园——桑赫斯特皇家军事学院

1939年，亚历山大任英国第1步兵师少将师长，率部在英国远征军编成后开赴法国参加第二次世界大战。在1940年5月开始的敦刻尔克大撤退中升任英国第1军军长，组织英军安全撤回英国。1940年12月，任英国南方军区司令，晋升为中将。

亚力山大在第一次缅甸战役中，作为缅甸军总司令，在战争中表现出了出色的领导和指挥才能，并且亲眼目睹了中国军队的厉害。

1942年，中国政府根据世界反法西斯战争的需要，组织远征军开赴缅甸，同英美盟军并肩作战，抗击日寇，形成联合作战的局面。但在战役实施过程中，中美英三国在政治目的、军事战略等方面存在分歧，造成盟军在缅甸丧师失地，惨重失败。

太平洋战争爆发后，日军大举南进，以重兵向东南亚各国和西南太平洋发动进攻，相继占领香港、马来西亚、新加坡、泰国、印度尼西亚和菲律宾的大部分地区，并将下一步的进攻目标直指缅甸。日军认为："缅甸作为南方重要地位的北翼据点，具有必须确保的战略地位，还可以切断支援蒋介石的公路；对于印度方面来说，对促进其脱离英国具有重大意义。"因此，日本把占领缅甸作为其重要的作战目标。

蒋介石

枭雄风采

走进科学的殿堂

对中美英三国来说，缅甸同样具有重要的战略地位。缅甸的东北与中国云南相接，"在由仰光北上通往云南的滇缅公路上，每月有2万吨军需物资运送中国，是中国还保持着的最大补给路线"。滇缅公路是中国与外部联系的唯一国际陆上通道，对中国抗战具有非常重要的意义。因此，当日军刚准备入侵缅甸时，蒋介石就向英国表示"如果贵国需要，我国可派遣8万人入缅作战"。

英国在亚洲拥有巨大的殖民利益。第二次世界大战爆发后，英国的战略重点是保卫本国和欧洲的利益，对日本采取了退让政策，这一举措恰恰助长了日本的侵略野心，促使日本下决心南进。日军占领法属印度支那后，"使英方感到即使绥靖政策在东亚，也不能收到理想的效果"，对日逐渐采取强硬措施。一方面增加对中国的援助，另一方面加强了中英军事合作。缅甸对英国的重要性超过美国，如日军攻占缅甸，便可以此为基地，进犯印度，摧毁盟国在印度的战略基地，使英国失去一些重要战略物资的来源。正如邱吉尔所说："缅甸如果丧失，那就惨了，这样会使我们同中国人隔绝，在同日本人交战的军队中，中国军队算是最成功的。中国一崩溃，至少会使日军15个师团，也许会有

丘吉尔

皇家军骑士的乐园——桑赫斯特皇家军事学院

20个师团腾出手来，其后大举进犯印度，就确实可能了。这是英国政府最担心的问题。"

美国对缅甸的局势也十分关注。从战略角度讲，日本发动太平洋战争，主要对象是美国，美国军方将缅甸视为太平洋战场的右翼。因此，当缅甸危机之际，美国总统罗斯福急电盟国有关首脑，要求重视缅甸问题。1942年2月20日，罗斯福在给澳大利亚总理柯廷的电报中指出："如果缅甸失守，依我看来，我方整个局势包括澳大利亚在内，将面临严重危险。"23日，罗斯福在致邱吉尔的电报中强调："澳大利亚和缅甸这两个主要基地都是必须不惜任何代价坚持到底的，而今的主要威胁在缅甸。"此外，美国十分重视中国战场牵制日军的作用，美国采取了积极援华政策，并将中国作为盟国和未来的大国看待。同时，采取措施，促进中英合作。

中国政府组建了远征军，同英美并肩在缅甸作战。中国远征军入缅作战是一个极其复杂的过程。1940年9月日军侵占越南后，又直接威胁缅甸、马来西亚、新加坡等英属殖民地。英国于10月在日本咄咄逼人的进攻面前重新开放了封锁已久的滇缅公路，并酝酿与中国建立军事同盟。其中的第一个步骤，是通过中国对缅甸、印度、马来西亚的军事考察，中

罗斯福

走进科学的殿堂

英两国共同商定保全缅甸的具体军事计划。1941年2月考察团出发，历经3个月，编成《中国缅印马军事考察团报告书》，其中最主要的是中、英、缅共同防御计划草案。同年夏，在中国正式提出《中英缅共同防御意见书》时，英国一再强调中国应在中老、中缅边境布防，以防止日本截断滇缅路，而不许中国军队及早入缅布防。直到太平洋战争爆发后，中英在重庆签订《中英共同防御滇缅路协定》，建立了军事同盟。1942年1月，蒋介石就任盟国中国战区最高统帅，美国陆军中将史迪威被任命为中国战区参谋长，中国与盟国共同对日作战局面形成。

中国远征军入缅作战是从1941年12月11日第一次下动员令起，至1942年8月远征失败结束的。对入缅的动员准备，杜聿明回忆道："自1941年12月8日珍珠港事变后，同月11日第一次下动员令起，至1942年2月16日远征军正式动员，这两个多月期间，时而动员入缅，时而停止待命，时而准备东调，反反复复，捉摸不定，坐使仰光沦陷，已经失去保全仰光国际交通线的根本目的。"由于英国政府只顾自身利益，出尔反尔，中国军队未出国门已处于被动局面。1942年2月，仰光告急，英方

杜聿明

再次要求中国远征军入缅。但直到3月12日，仰光失守第4天，"中国远征军第一路司令长官司令部"才正式成立。辖第5军、第6军、第66军，约10万人。中英双方商定，以仰光、曼德勒铁路以东至泰、越边境地区为中国远征军防区，这样，第一次缅甸战役开始。

中国远征军入缅后，决定以第5军200师在同古及其以南地区，阻止日军北犯。但由于种种原因，缅甸战役的形势每况日下。在同古保卫战的最后阶段，蒋介石急电远征军，"如同古完全失陷，拟即在平满纳附近相机决战。"但能否顺利进行会战，关键在于英军的配合。为此，蒋介石再赴缅甸时，叮嘱史迪威转告亚历山大：英军必须不惜代价据守约定的地区。但蒋介石心中也没有把握，他在日记中写道："在苗梅最后一日形情观之：英政府人员对缅甸一切事皆束手无策，其军队又怯懦万分，毫无战意。故使余顿起滞疑之意，对于中国军队进退之策考虑再三，最后只有尽力补救，与敌在缅甸周旋到底之一法，否则虽保全一部兵力，然对国际地位与国军声望甚为不利。"果然蒋介石所担心的事情发生了。4月17日，在日军的猛烈进攻下，在中国远征军西面的英军全线崩溃，日本突入仁安羌一带，严重威胁中国军队的侧背。远征军东路第55师与军部失去联系，阵地失陷，远征军中路大军有被东西两路敌人包抄围歼的危险。平满纳会战只得放弃，远征军退守敏扬和梅克提拉一线，准备曼德勒会战。

仁安羌大捷见证了英军与中国军队的一次难舍情结。

1942年4月15日，英印军第1师在缅甸仁安羌油田被日军包围，水源断绝，粮食将尽，无再战之力。该师师长电报英军总部亚历山大将军，请求火速解救，否则就要投降。

走进科学的殿堂

4月19日，英军总部在梅苗召开会议。亚历山大提出第1师请求解救的电文，中国远征军新38师孙立人师长说："不能投降，投降就是同盟国的耻辱。"亚历山大说："怎么办？"孙说："要去救。"亚历山大说："谁去救？"孙立人说："我去救。但有两个要求：一个要求是在两个小时内给我80辆汽车，另一个是48小时内不准投降。"为解英军之围，新38师迅速西移。刘放吾团长领着第113团官兵，分乘80部汽车

日军夺取仁安羌油田

向拼墙河开去。师长命令第113团全部渡河。部队在运动中被敌发现，展开了激烈的战斗。由于中国远征军夜以继日向日军采取猛烈的攻击。逼日军后退，对日军进行了反包围。日军伤亡惨重，弃尸1200多具向马圭逃窜。孙立人部救出英印第1师和装甲第7旅官兵7000余人，马千余匹，各种车辆300多辆，并救出被日军俘去的英军、美国教士、新闻记者等共500余人。营救出被围困的英军7000余人和500多名战俘（一半以上是英国人）时就已震惊世界，被誉为"东方

皇家军骑士的乐园——桑赫斯特皇家军事学院

隆美尔"。当时孙立人的新38师英勇善战，打出了赫赫威名，令日军胆战心惊。被救的英军官兵个个热泪盈眶，向中国官兵竖起大姆指，高呼："中国万岁！""中国军队万岁！""仁安羌大捷"是第一次缅甸战役中盟军公认的唯一胜利。

仁安羌大捷使英印第一师绝处逢生，创缅甸保卫战中一大胜利，轰动英伦三岛，一扫英国人对中国军队的偏见和轻视心理。英印军第1师将领斯利姆、斯迈思和斯高特向孙立人和新38师一再道谢。

孙立人

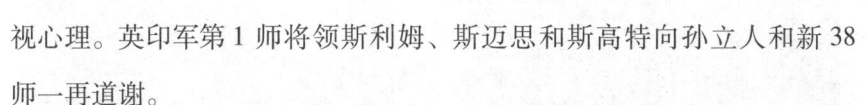

针对此事，1942年5月3日，英军的亚历山大和史利姆两位将军，均以私人名义派员给孙立人送来"感谢信"。亚历山大是第一次缅甸战役时的英缅军总司令，战后曾出任英国国防大臣。他对孙立人舍生忘死在仁安羌营救英军第1师深怀感激之情，并告知英国女王给孙立人颁发"帝国司令"勋章。收到他们的来信，孙立人当场向全体官兵宣读，而后慷慨激昂地说："勋章的授予，是全体官兵的光荣，尤其是死伤的同胞以血肉之躯换来的光荣！它的意义不仅在于这是中国军官第一次以战功获得外国勋章，更在于它表现了中国和盟军第一次并肩作战所付出的血汗和舍己救人、不背盟信的中国精神，这一精神已得到了公平的评价！"当时驻印英军方面代表女王向孙立人将军颁发"大不列颠帝国司令"勋章。该勋章是英国级别很高的荣誉，受勋者都要加封爵士爵位。

　　缅甸战场上，4月下旬战局更加危险，中国军队指挥系统十分混乱。曼德勒会战又因英军置中国军队而不顾，仓惶撤退而化为泡影。由于缅北重镇腊戍陷落，滇缅公路被日军切断，数万远征军被困于缅北狭窄地带，已趋于绝境。

今日曼德勒一景

　　远征军在缅作战失败后，分两路向印度和云南退却。撤退中，翻越穷山恶水，官兵饥病交加，尸骨遍野，惨绝人寰，出征时拥有10万人的远征军，最后仅剩下4万人。不仅未能完成作战任务，反而使中国唯一的国际通道滇缅公路被切断，日军侵入云南境内。到8月初，撤退的中国远征军各部队先后集结于印度和滇西。

皇家军骑士的乐园——桑赫斯特皇家军事学院

远征军在缅作战失败因英美的政治目的和全球战略与中国有分歧，中英的具体战略又有差异，这些矛盾反映到防守缅甸的战役中，失败就是必然的了。

1942年7月，亚历山大任英国第1集团军司令，准备参加进攻法属北非的"火炬"行动。1942年8月，在埃及开罗接替奥金莱克出任英军中东战区总司令，晋升为上将。与此同时，蒙哥马利接任第8集团军司令，成为亚历山大的部属。亚历山大和蒙哥马利共同成功地组织实施阿拉曼战役，致使德意军伤亡2万、被俘3万。1943年1月，亚历山大

今日突尼斯一景

任北非战区盟军最高副司令兼第18集团军群司令，指挥英国第1集团军、美国第2军和英国第8集团军。任内组织指挥突尼斯战役，德意军24万人被迫投降，因而被封为"突尼斯的亚历山大勋爵"。

走进科学的殿堂

北非战役之后，亚历山大出任地中海战区盟军最高副司令兼第15集团军群司令，负责组织协调美国第7集团军和英国第8集团军进攻西西里的作战。西西里战役导致墨索里尼政府的垮台和意大利的无条件投降。此后，组织指挥意大利战役。

1944年12月，亚历山大继梅特兰·威尔逊之后升任地中海战区盟军最高司令，晋升为元帅。1945年4月29日，德军代表被迫签署规定5月2日无条件投降的文件，亚历山大代表盟国受降。1946—1952年，任加拿大总督。1952—1954年，任英国国防大臣。

1969年6月16日，亚历山大去世。

梅特兰·威尔逊

枭雄风采

皇家军骑士的乐园——桑赫斯特皇家军事学院

罗伯茨元帅战场风姿

罗伯茨（1832.9.30—1914.11.14）是英国著名的陆军元帅，出生于印度坎普尔，先后在伊顿公学、桑赫斯特皇家军事学院和阿第斯康比接受教育。在进入英国的印度军队之前，罗伯茨是孟加拉炮兵少尉。由于功勋卓著，他被授予维多利亚十字勋章和嘉德勋章，因此这位元帅也是英国皇家桑赫斯特军校的骄傲。

鲁尔河

走进科学的殿堂

提到罗伯茨，我们不得不回忆一下他之所以能参加侵略战争和彰显才华的那段尘封的历史。

19世纪下半叶是世界近代史上一个风云动荡的年代，在1848年欧洲革命浪潮前后，随着比利时的独立、德意志和意大利的统一，欧洲的工业革命和社会革命进入了一个新的高潮。无数的工厂、矿井、铁路出现在西欧和南欧那些恬静的乡村田园风景中，如林的烟囱不断地在鲁尔

波河

河、波河、马斯河两岸竖立起来。这些新兴的欧洲资本主义国家，一则出于觉醒的所谓"民族意识"，更多的则是迫于经济上的压力，面临着它们的英法前辈所曾面临的同样问题——为了获得最大的利润，就需要进行最大程度的剥夺。而在19世纪欧洲众多革命浪潮的前车之鉴下，

皇家军骑士的乐园——桑赫斯特皇家军事学院

它们知道对国内的过度剥夺很可能会导致改朝换代，于是把目光转向海外，要在海外征服最富饶的原料供应地，获得最廉价的劳动力，取得最大的商品利润，以及最大的市场资源。

马斯河

为了征服殖民地，当时英帝国看上了当时最后一片未完全开发的处女大陆——非洲。德国、俄国、意大利等国都在非洲跃跃欲试，惦记着在瓜分非洲的盛宴中分得自己的一盘羹。这种虎狼之宴，当然少不了大英帝国的出席。

由于大英帝国的领土在地图上用红色表示，所以当时那些乐观的英国人描述这个光明的前景时说："从开罗到开普，整个非洲大陆的东部都将用红色标注。"后来，英国占领了布尔殖民地。1836年，许多对英国统治不满的布尔人终于选择了离开。从那年的春天（第四季

度）开始，大批对英国殖民政策感到不安和不满的布尔人农场主们抛弃了自己的牧场、房子，驾着牛车，赶着牲口，带着全部家当和奴隶，离开富庶肥沃的赫克斯河谷和布立德河谷，涌出开普殖民地，开始了向只有沙土和矮灌木的南非内陆地区的大迁徙。大迁徙断断续续持续了4年。涌出开普的布尔人迁徙者分为两路，一路向东北的纳塔尔地区前进，在民团司令官安德列斯·比勒陀利乌斯的指挥下，战胜了当地的祖鲁人，于1840年在纳塔尔地区成立了纳塔利亚共和国，首都为彼得马里茨堡。

彼得马里茨堡一景

但是在1842年，永不满足的充满征服欲望的英国人接踵而至，以布尔人同受英国保护的土著酋长国交战为由，在德班港登陆，于1843

皇家军骑士的乐园——桑赫斯特皇家军事学院

年包围了彼得马里茨堡，吞并了纳塔利亚共和国。当地的布尔人不愿意接受英国的统治，在老比勒陀利乌斯的带领下，再次向西边的内陆高原地带迁移。

第二路布尔人迁徙大军则向北，一部分越过瓦尔河，与从纳塔尔向西迁徙的布尔人会合，建立了几个名为"共和国"的小殖民区，如莱登堡共和国、温堡共和国。通过同当地部落和土著王国的战斗，这些小殖民区最终在1849年合并，建立了南非共和国，又称为德兰士瓦共和国（为了不与现代的南非共和国混淆，下文中将1849—1877年和

瓦尔河

1880—1902年的两个南非共和国称为德兰士瓦共和国）。德兰士瓦的意思为"越过瓦尔河"，其首都被命名为比勒陀利亚，以纪念带领布尔人摆脱英国统治的老比勒陀利乌斯。老比勒陀利乌斯以布尔人的代表自

居，出面和英国人谈判，德兰士瓦共和国的独立在1852年获得了英国的承认。一年之后，老比勒陀利乌斯去世，其子马蒂乌斯·比勒陀利乌斯（小比勒陀利乌斯）出任德兰士瓦首届总统，最终建立了现代意义上的德兰士瓦国家。

除了这些人之外，还有另外一部分布尔人没有迁移到这么远的地方，而是留在了奥兰治河以北、瓦尔河以南的地区，他们建立了自治政府，接受纳塔利亚共和国的领导，在纳塔利亚共和国灭亡后，这里的布尔人于1844年宣布独立，并在1854年同英国签订《布隆方丹协定》，建立了独立的奥兰治自由邦共和国，首都布隆方丹。野心勃勃的小比勒陀利乌斯几次试图吞并奥兰治自由邦，统一布尔人国家，但是因德兰士瓦内部的权利斗争而未能实现，所以南非得以维持两个布尔人国家长时间并存的局面。

奥兰治河

皇家军骑士的乐园——桑赫斯特皇家军事学院

英国合并德兰士瓦。在拿破仑战争结束之后，荷兰从昔日主权分裂、决策困难的联省共和国变成了拥有统一主权的王国。新的荷兰王国失去了在非洲的领地，但是保住了南洋那片无比富饶的东印度群岛。在这之后的数十年当中，荷兰人满足于经营这片祖传的产业，同时致力于在本土和东印度的投资建设和商业发展。当时东印度群岛是荷兰的主要出口市场，每年从荷属东印度流入荷兰国库的收入高达8亿荷兰盾。此外，由于比利时和卢森堡的独立对荷兰工业潜力的削弱，以及位于充满敌意的法国和普鲁士两国夹缝中的不利地理位置，因工、商、运输、银行业的迅速发展而致富的荷兰人更倾向于关注自己的处境和欧洲的局势，不再去关怀遥远的南部非洲那两个荷兰人同胞建立的共和国。

东印度群岛一景

走进科学的殿堂

在19世纪60年代，南非成为了世界各处白人殖民地中最落后的地区之一。这里人口稀少而且居住分散，居民主要从事畜牧业和半自给农业，资金极端缺乏，工业、农业和商业的发展都很缓慢。因为贫穷，白人也不愿意来这里定居。来自欧洲的移民船过好望角而不入，而是驶向更富庶的澳大利亚和新西兰。整个南非地区越往北越落后，德兰士瓦共和国最落后，奥兰治自由邦次之。德兰士瓦既无学校，更无银行，基本上没有修筑过道路，欧洲人包括荷兰人在内都不到穷地方投资，导致德兰士瓦共和国的财政极端拮据。而由于同英国人和当地土著酋长国之间连绵不断的战争和冲突，军费开支却糜耗甚大，政府用土地来支付公务员的薪水，邮政局长用邮票发工资。奥兰治自由邦在兴办羊毛业后，因向英国出口羊毛而初步打破了经济闭塞状态，经济状况稍见好转，但是政府的财政收入仍然很少，1866年仅有6.3万英镑。于是，两个布尔共和国的财政就是这样在落后的农牧场经济体系上苟延残喘。

好望角一景

皇家军骑士的乐园——桑赫斯特皇家军事学院

然而，南非金刚石矿和金矿的发现改写了南部非洲经济史，也使这里的政治史遽然改观。19世纪60年代中期，在德兰士瓦东邻的几个非洲人酋长国境内发现了金矿，欧洲和澳大利亚的淘金者们纷纷涌向这里。不过这些金矿规模并不大，而且富矿很少。所以没过多久，方兴未艾的"黄金热"就被更具有传奇性的"钻石热"盖过了。1867年，在奥兰治河畔的霍普敦发现了第一颗南非金刚石。1868年，在瓦尔河北岸的克勒普德勒夫特附近又发现大量金刚石。1870年，在

南非金刚石

瓦尔河南部发现了一个更大的矿区。到1882年，这里开采的金刚石总值已达2600万英镑，当年出口值就达400万英镑，为开普殖民地其他商品年出口总值的5倍。巨大的财富引起了德兰士瓦、英国、当地众酋长们对这块地区所有权的争夺。1871年，经纳塔尔副总督基特的仲裁，这块金刚石产地成了英国的殖民地，用当时英国殖民大臣的

走进科学的殿堂

名字命名为金伯利。围绕金伯利矿脉,迅速形成了一座有 3 万人居住的采矿城镇。著名的矿业巨头塞西尔·罗得斯便是抓住了这个机会,同他那"钻石恒久远,一颗永流传"的德比尔斯矿业公司一道走上了南部非洲的商业和政治舞台。

金伯利钻石矿虽然没能成为德兰士瓦共和国囊中的宝库,但是随着冒险家和淘矿者的大量涌入,也给当地的布尔人农场主和牧场主带来了福音。金伯利市场上,蛋、肉、奶酪、面粉、蔬菜、毛毡等农畜产品供不应求。商品农业的发展,以及农畜产品价格的不断上涨,使得当地土地的价格也飞速上升。德兰士瓦的大土地所有者利用这个机会,兼并了

枭雄风采

德兰士瓦一景

原属于中小农户的大量土地。无数破产的布尔农民和涌入德兰士瓦的失业采矿者,成为一个不安定因素。为了缓解这些人带来的国内社会矛

皇家军骑士的乐园——桑赫斯特皇家军事学院

盾，德兰士瓦共和国决定向东、西、北三面扩展，吞并更多的非洲人酋长国，用军事征服来化解国内的社会压力。老谋深算的英国人自然不会坐视布尔人的这种行为。为了迅速将自己的势力扩展到中南非洲，并且阻断德国人和葡萄牙人的扩张，尤其是为了抢先堵住东部印度洋出海口，防止德兰士瓦共和国从海上和德国、荷兰、法国等对手建立联系，英国也抓紧了兼并贝专纳兰地区（包括今博茨瓦纳共和国以及南非开普省北部）、祖鲁兰地区（今南非夸祖鲁—纳塔尔省北部）众多黑人酋长国的速度。与布尔人赤裸裸的武力征服、种族压迫不同，英国人更擅长于在当地的众多非洲人王国之间搞分化瓦解，培养亲英的代理人，建立保护国，并且注意保护非洲人王国那些上层贵族的既得利益，对那些无法用和平手段收服的酋长国，则联合其他黑人王国一同征讨之，因此英国人比布尔人取得了更大的成功。

1876年，德兰士瓦共和国为了向东扩张，获得出海口，同非洲人的佩迪王国交战，遭到惨败。与此同时，在德兰士瓦东邻，用英国人提供的来复枪、英国人训练的军队和英国人传播的基督教武装起来的祖鲁王国也在对布尔人虎视眈眈，随时准备收复以前几十年中被布尔武装移民夺走的失地。而德兰士瓦手中的几个金矿已经被开采一空，政府收入枯竭，到1876年11月，山穷水尽的德兰士瓦国库里面只剩下了12先令6便士的现金。军队士气也是一落千丈。精明的英国人把这一切都看在眼里。就在1876年9月，英国派遣纳塔尔省总督谢普斯通去德兰士瓦，游说布尔人参加英国的南非殖民地联邦。谢普斯通向德兰士瓦的统治集团指出，德兰士瓦政府的财政和军事已陷入极端混乱状态，仅以布尔人的力量，既无法挽救财政的破产和有效控制共和国境内的非洲人，

枭雄风采

更无力对付受到强大的祖鲁人支持的佩迪王国的挑战。他提出由英国接管德兰士瓦政府，加强白人殖民力量，保证维持布尔人所施行的种族政

纳塔尔一景

策，并对那些顽固的种族主义者保证，英国无意让德兰士瓦的非洲人享有那些和英国殖民地非洲人一样的公民权利。四面楚歌、极度恐慌的德兰士瓦政府觉得英国的接管将保护布尔人从黑人王国那里得来的土地，并挽救行将破产的财政，因而普遍赞同或默认英国的接管行动。德兰士瓦人就这样把共和国的独立放在银盘上送给了英国人。1877年4月，英国发表声明，德兰士瓦共和国成为英国殖民地，任命谢普斯通爵士为行政长官。德兰士瓦总统伯格斯辞职，回到开普殖民地的老家，靠英国政府的养老金生活。其军队的领袖人物如克鲁格、朱伯特、小比勒陀利乌斯等人则解甲归田，回到自己的农场过起大地主的生活。此后4年间，德兰士瓦共和国从非洲政治地图上消失了。

皇家军骑士的乐园——桑赫斯特皇家军事学院

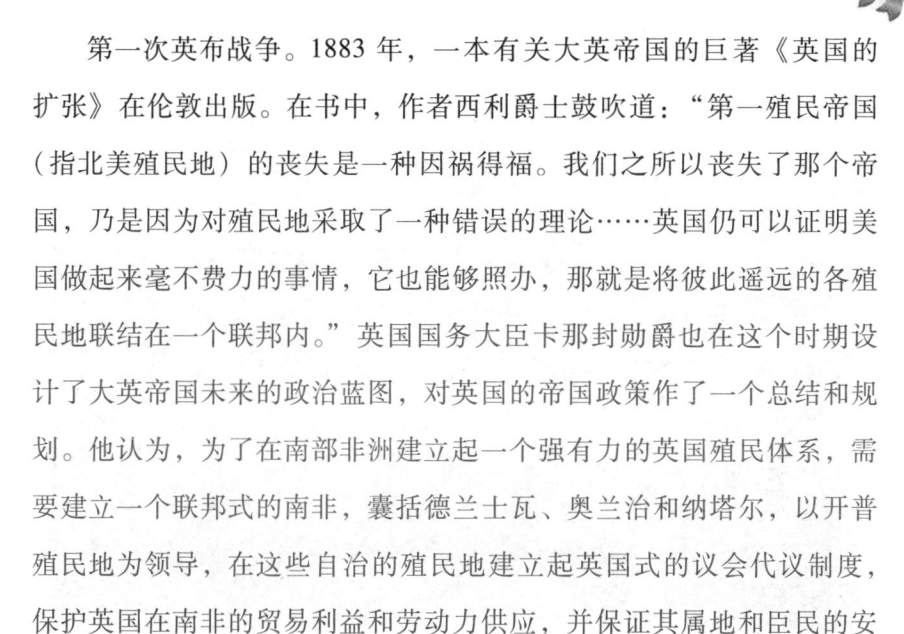

第一次英布战争。1883年，一本有关大英帝国的巨著《英国的扩张》在伦敦出版。在书中，作者西利爵士鼓吹道："第一殖民帝国（指北美殖民地）的丧失是一种因祸得福。我们之所以丧失了那个帝国，乃是因为对殖民地采取了一种错误的理论……英国仍可以证明美国做起来毫不费力的事情，它也能够照办，那就是将彼此遥远的各殖民地联结在一个联邦内。"英国国务大臣卡那封勋爵也在这个时期设计了大英帝国未来的政治蓝图，对英国的帝国政策作了一个总结和规划。他认为，为了在南部非洲建立起一个强有力的英国殖民体系，需要建立一个联邦式的南非，囊括德兰士瓦、奥兰治和纳塔尔，以开普殖民地为领导，在这些自治的殖民地建立起英国式的议会代议制度，保护英国在南非的贸易利益和劳动力供应，并保证其属地和臣民的安全。这种由自治的白人殖民地组成联邦的做法，也用在了加拿大（1867年）和澳大利亚（1901年）。

但是，英国人忽视了南非布尔人独特的民族特性。经过100多年的磨难，布尔人已经远远不像他们的荷兰亲戚那样脾气温和、重商轻武。干旱贫瘠的南非高原、颠沛流离的大迁徙和同土著之间无数的残酷战争，磨练并且重新塑造了他们的性格。布尔人性格保守，吃苦耐劳，生活俭朴，崇尚武力，不愿意接受异族统治，对自己的语言、文化、宗教和其他民族特性始终抱有自豪感。这也是那些远离文明中心的边远地区人民（如美国西部、澳大利亚西部和阿根廷北部）的普遍性格。在1877—1880年英国统治德兰士瓦的3年期间，布尔人的民族情绪尤其高涨，德兰士瓦和开普两地的布尔人联合起来，于1880年在开普敦成立了布尔人民族主义组织——阿非利卡人大会（"阿非利卡人"为南非

走进科学的殿堂

荷兰人的自称），并且在独立的奥兰治自由邦共和国也发展了分会。这

澳大利亚一景

阿根廷一景

枭雄风采

皇家军骑士的乐园——桑赫斯特皇家军事学院

种特立独行、不屈不挠的性格，注定使得布尔人不能成为维多利亚女王治下的忠顺臣民。

在英国人统治德兰士瓦共和国的3年期间，并没有着手改善中下层布尔人的生活条件，也没有增加投资、改善当地的财政、经济和政治生活，反而允许英国商人进行土地投机、向布尔人补收以前欠德兰士瓦共和国的税款，这些举动引起了布尔人民广泛的不满情绪。与此同时，英国人出兵在1879年消灭了布尔人最大的威胁——强大的祖鲁王国，俘虏并流放了国王塞提瓦约，将祖鲁王国故地划分为13个酋长领地。英国-祖鲁战争解除了布尔人的心理负担，布尔人复国之后的最大威胁被解决掉了。

1880年9月，为了从土著手中收缴金伯利钻石矿作为工资发到黑人劳工手里的大量枪支，在英国保护国巴苏陀兰（今莱索托）发生了

莱索托一景

走进科学的殿堂

"缴枪暴乱"。英国驻德兰士瓦的主力部队南下镇压暴乱,留在德兰士瓦的英军总数不超过3000人,只驻守在比勒陀利亚、吕斯滕堡、莱登堡、斯坦德顿等几个重要城镇,防务空虚。同年12月16日,5000多不满英国治理的布尔人聚集在帕尔德克拉尔举行国民大会,宣布进行武装反抗,恢复南非共和国,升起共和国镶嵌绿边的红白蓝三色国旗,推举在布尔人当中德高望重的保罗·克鲁格、皮埃特·朱伯特和小比勒陀利乌斯三人为首领。同日,新组成的三人政府将南非共和国的独立声明送到了比勒陀利亚驻军的手中,英国人拒绝接受,下令各地驻军火速增援比勒陀利亚。12月17日,布尔人市民和英国驻军的冲突在波切夫斯特鲁姆爆发。12月20日,驻扎在莱登堡的英军第94团两个连驰援比勒陀利亚,在布龙克霍斯特干河遭到布尔民团的伏击,第一场战斗打响。布尔人平日以骑马狩猎为乐,所以枪法极准,战术灵活,在交战中,英军

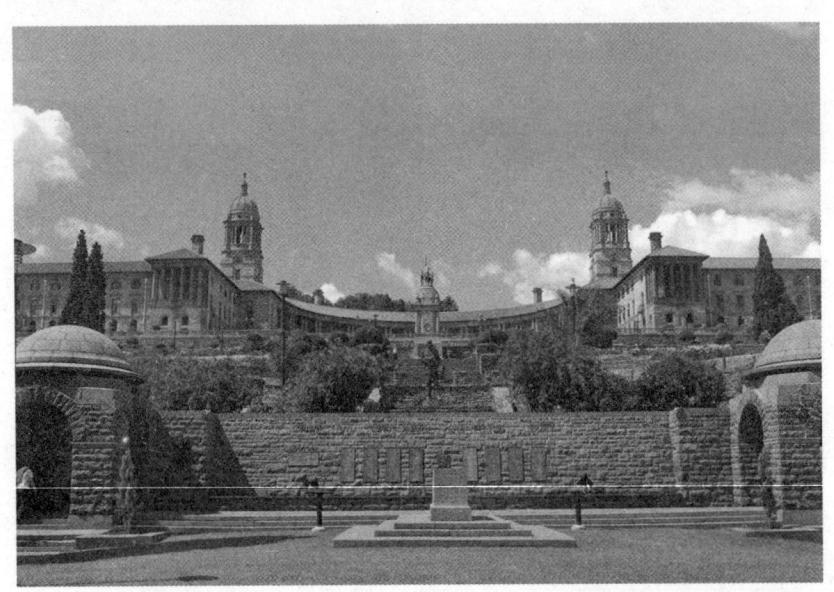

枭雄风采

比勒陀利亚一景

60

皇家军骑士的乐园——桑赫斯特皇家军事学院

247人中有77人阵亡，157人受伤，而布尔人的士兵只有2人死亡，4人受伤。如此悬殊的比率，似乎预告了今后若干年内英国人和布尔人作战的必然结果。布龙克霍斯特干河战斗之后，驻扎在德兰士瓦的英军迅即被分割包围于比勒陀利亚和波切夫斯特鲁姆两地，坐以待毙。

1881年1月，增援的英军部队从纳塔尔殖民地出发，向德兰士瓦进军。英军司令科利将军率这支千余人的援军，西进德兰士瓦。在纳塔尔与德兰士瓦边境的朗峡受到朱伯特将军的阻击。英军和布尔军在1月28日和2月7日两次展开战斗。战斗中的英军还是采用美国独立战争和拿破仑战争时期的战术，排成整齐而密集的队形前进，听指挥官的号令射击。但是英军的保守并没阻止别国在近战战术的进步。山上的布尔神枪手躲藏在石头和其他掩体后面，像平时在家乡用步枪打羚羊一样，一个一个地击毙英国士兵。这些可怜的士兵的尸体和鲜血阻止了英军的攻势。2月26日夜，科利指挥650名英军士兵，试图夺取马朱巴山，从西边攻下朗峡。午夜之前，英军到达山顶，可以俯视到山下的布尔营地。科利的副官伊安·汉密尔顿（第二次英布战争时曾任南非英国远征军参谋长）建议他下令挖掘战壕，但是科利没有接受这个建议，而是命令手下休息，准备第二天再发动战斗。这时，山下的布尔哨兵发现英军已经登上山顶，为了夺回这个重要的制高点，朱伯特下令组织队伍对英军发动偷袭。他们避开英军的登山道路，沿着陡峭而隐蔽的山壁向上攀登。登上山顶之后，他们对休憩中的英军展开了偷袭，此时山上的英军毫无防备，93人被打死，133人受伤，54人被俘，科利本人也在山顶被击毙。布尔军方面，只有1人阵亡，5人受伤。此时英国在德兰士瓦附近地区已无其他军队可以动用，又担心引起德兰士瓦境外布尔人的反抗，

61

只好同意议和。英军战败的消息传回国内，格拉斯通内阁宣布辞职。

1881年3月6日，英国和德兰士瓦军队签订了停战协议，8月3日双方又签订了《比勒陀利亚协定》。该协定规定，保证德兰士瓦可以建立在英国女王宗主权下的完全自治的政府，英国保持三项特权：控制德兰士瓦对外关系；保持对德兰士瓦同非洲部落关系的控制权；战时英军有权借道德兰士瓦。这里所规定的英国女王的"宗主权"，原是表示"封建领主"的古老词汇，在当时是一个没有先例的词语，不具任何精确含意。布尔人明知该条约对其限制极大，但是迫于形势，只好企望通过以后修改条约来取消宗主权规定。1884年，德兰士瓦总统克鲁格和副总统朱伯特来到伦敦，和英国人签订了《伦敦协定》，取消了英国对德兰士瓦的宗主权——英国人自然用模棱两可的字句对其埋下了伏笔。不过总的来说，当时的英国人似乎已经满足于让布尔人的贫穷共和国在英国殖民地和黑人保护国汪洋大海的包围中延续这种半死不活、自生自灭的独立状态。

从1880年12月到1881年3月，英国和德兰士瓦共和国为时三个月的这场战争，后来被称为"第一次布尔战争"。

"Die Kaap is weer Hollands"为荷兰语，意为"开普又是荷兰人的了"，这句话起源于1802年英国将开普殖民地归还给荷兰的时候，后来成为南非荷兰谚语，意思是"一切都恢复正常了"。1880年德兰士瓦布尔人起义时又喊出了这句口号，表明布尔国家又得以重新获得独立。

罗伯茨在南非接替了布勒的职位。布勒投入科伦索之战的布尔军队包括：来自约翰内斯堡、海德堡、克鲁格斯多普、弗赖黑德、乌得勒支等八个地区的民团，奥兰治自由邦的部队，还有约翰内斯堡和斯威士兰的白人警察部队，共计3500人。此外还有一门120毫米克虏伯榴弹炮，1门75毫米克虏伯野战炮，2门75毫米克鲁索加农炮，1门37毫米马克西姆速射炮。布军阵地沿图盖拉河自西向东展开。本来布军总司令朱伯特亲自在这里坐镇指挥，但是在11月30日，他的坐骑不幸绊倒，已经68岁的朱伯特落马受伤，只得返回他的农场休养。接任朱伯特的是从金伯利返回东线的年轻将军路易·博塔。英军方面，布勒上将指挥

斯威士兰一景

的兵力包括英军第2、第4、第5、第6旅，共计16000人，此外还有4个轻骑兵团、由殖民地骑兵组成的3个枪骑兵中队。炮兵则有5个炮兵连，30门大炮，此外还有16门从皇家海军"可怖"号战舰上拆下来的12磅炮和4.7英寸海军炮，由海军人员操作。包括骑兵和炮兵在内，布勒的总兵力为22000人，无论在人数上还是在火炮数量上都占优势。1899年12月13日，英军抵达科伦索镇的南郊，开始炮轰河北岸的布尔人阵地。

布勒的进攻计划是兵分三路，中路英军为主攻力量，包括第2旅、

第4旅和第6旅,分别由希尔加德、利特尔顿和巴顿少将指挥。他们沿着与纳塔尔铁路平行的一条土路向科伦索车站和公路桥挺进。由第2旅主攻科伦索,第4旅在左翼掩护,第6旅在右翼掩护。东路是由敦唐纳指挥的骑兵联队。他们的任务是保护第2旅的侧翼。西路是第5旅,由哈特少将指挥,任务是在图盖拉河大拐弯处的浅滩泅渡过河,之后迅速向西到达多林科普干河与图盖拉河的汇合点,然后沿着图盖拉河北岸推进,保护希尔加德的左翼。但是布勒给哈特的手绘地图上,完全标错了这个汇合点的位置。多林科普干河与图盖拉河真正的汇合点在大拐弯的东边。罗伯茨元帅后来参观科伦索战场时评价说,从这张地图就可以看出来,战斗之前布勒将军的侦察和情报工作是多么地粗疏马虎,这个攻击计划实际上漏洞百出,在执行前就注定了失败的命运。

巴顿将军

1899年12月17日,就在贝尔福觐见女王陛下的前一天,声名显赫的印度英雄,67岁的罗伯茨勋爵被首相索尔兹伯里勋爵任命为南非远征军总司令。他刚刚在科伦索战役中失去自己的独生子。罗伯茨接受任命的唯一条件是,任命新近征服苏丹的基钦纳为他的参谋长。次日,英

皇家军骑士的乐园——桑赫斯特皇家军事学院

国宣布动员预备役部队。1900年1月10日，罗伯茨和基钦纳抵达开普

图 盖拉河一景

敦。他们带来了本土的第7军、来自澳大利亚、新西兰和加拿大的增援部队，以及驻印度和锡兰的3个骑兵分队。事实证明，这些在贫瘠干旱的澳洲农场和艰苦的加拿大荒原长大的士兵，比那些来自利兹或者曼彻斯特的城市子弟更能适应南非的艰苦作战条件。到1900年1月，南非战场上的英军增至18万，3月再增至22—25万人，居于绝对优势。此外，还有几千匹军马从英国和澳大利亚运抵南非，增加了英军的机动性。

1900年2月，在权衡了战场局势之后，罗伯茨改变了战略。从2月起，南非的主战场从纳塔尔移到奥兰治。罗伯茨认为，以步兵为主的英军在多山的纳塔尔西北部地区很难展开大规模攻势，准备

走进科学的殿堂

先进攻防守相对薄弱、地形也不那么复杂的奥兰治自由邦,然后利用开普铁路把英军的大部队运送到德兰士瓦前线。罗伯茨将主力集结于奥兰治河以北,兵分两路(东路和北路),准备突入布尔共和国的心脏地区。

随着援军的到来,尤其是在军队中享有赫赫声名的罗伯茨和在苏丹马赫迪战争中获得巨大声望的基钦纳的到来,使得南非英军的士气大幅提高。从2月初开始,实力得到大大补充的英军转为反攻,在东、中、西三条战线发动了一系列攻势。

西线:西线争夺的焦点是钻石城金伯利。在德比尔斯公司矿山规模巨大的枪支弹药储备(罗得斯储备这些军火,本来是为了提防黑人矿工暴乱)的支持下,由罗得斯先生和科科维奇上校指挥,这里的700名英军和3000名亲英市民已经固守了4个月(据当时的私人报道描述说,围城期间,罗得斯喜欢指手画脚干涉他人的老毛病再度发作,任意插手军务,差点把科科维奇上校逼疯)。围城的布军指挥官威塞尔对金伯利围而不攻,因为他的手下全是骑兵,只带了几门9磅炮,其威力封锁有余,攻城不足。试图解围的梅休因中将和城中固守的英军在4个月

基钦纳

枭雄风采

皇家军骑士的乐园——桑赫斯特皇家军事学院

间多次发动小攻势，试图突围，但是都被布尔骑兵凶猛的火力拦了回去。2月7日，布军由约翰内斯堡调来了一门从奥地利斯科达兵工厂购买的240毫米攻城大炮，金伯利守军形势愈发险恶。但是，在2月13日，由弗兰奇指挥的苏格兰高地旅和4个精锐的骑兵团赶到了金伯利以南的莫德河，击退了守在这里的600名布尔骑兵，于14日晚抵

苏格兰高地

达马格斯方丹。驰援的英军在这里和布军最凶猛的"黑将军"皮埃特·克龙治指挥的民团遭遇，于次日展开战斗。英军吸取了前几个月的教训，不再实行正面强攻，而是兵分两路，夹攻布军侧翼。英国骑兵不顾布尔人的子弹"嗖"、"嗖"地擦耳而过，一波一波地向小山丘上的布尔步兵发动冲锋，枪口和马刀之下血光一片。15日下午，增援的英军第6师同弗兰奇会合。当晚，借着夜色的掩护，克龙治命令包围金伯利的布军撤退。2月16日凌晨3点，英军进入金伯利，救出了

被围困数月的罗得斯,于是科科维奇上校才免于被他逼疯的下场。2月18日,英军2万追兵在金伯利东边的帕得贝格包围了克龙治的4000人马。19日,罗伯茨总司令亲临帕得贝格前线,指挥作战。布军阵地防守严密,英军几次攻击都被击退。英军的包围圈更严密,克龙治几次突围均告失败。双方对峙了一个多星期,在英军炮轰下,包围圈内布军死伤遍地。2月27日,马朱巴战役20周年纪念日,清晨6点,走投无路的克龙治将军骑马来到罗伯茨将军营地,宣布投降。这个最勇猛善战的布尔司令官同他的手下随后被送到大西洋中的百慕大战俘营。

百慕大群岛一景

东线:在莱迪史密斯的英军于2月27日发动突围攻势,攻占了城外的战略要地彼得山,饱受非议的布勒方得以指挥增援的第2师和第5师,绕开防守严密的布军正面阵地。3月3日,布勒在多得雷赫特打败

皇家军骑士的乐园——桑赫斯特皇家军事学院

了布尔人,终于得以解莱迪斯史密斯之围。

中线:在消灭了最强悍的克龙治对其左翼的威胁之后,罗伯茨将主攻兵力转回奥兰治,稳步向北挺进。由于罗伯茨吸取了第一阶段失败的教训,英军改变了战术。在遭到布军伏击的时候,步兵部队不再保持队形,而是就近挖掘战壕,掩护骑兵对布军阵地发动冲锋。在这种战术下,布军在白杨树林、亚伯拉罕牛栏等地的阻击接连失败。3月10日,英军第6师和第7师在亚伯拉罕牛栏击败了布军装备最精良的约翰内斯堡警察部队,通往奥兰治自由邦首都的道路上再无任何阻拦。3月12日,奥兰治自由邦总统马蒂乌斯·斯泰因带领政府和国会官员逃出布隆方丹,逃往北方的克龙斯塔德。3月13日下午1点半,英军开入布隆方丹,奥兰治自由邦的白橙条纹国旗被降下。罗伯茨初战告捷,证明其名不虚传,大英帝国心里悬着的石头终于落了地。

布隆方丹失陷之后,在开普殖民地活动的德韦特将军和他的布军小分队面临后路被截断的威胁,被迫撤往德兰士瓦。他们在归途中受到英军的截击,虽然德韦特在几次交战中击败了英军,但是为了避免更大的损伤,德韦特被迫化整为零,命令部下分散北撤。其手下来自温堡、哈里史密斯、伯利恒等奥兰治地区的民团则自行解

布隆方丹一景

散，去保卫自己的家乡。3月中下旬，在奥兰治的英军部队伤寒流行，病号达8000多人，罗伯茨不得不下令在布隆方丹休整，英军的攻势被迫中断。3月26日，布军总司令朱伯特在柳树农庄（Willow Grange）之战中再次坠马重伤，次日宣告不治。根据他的遗愿，擅长游击战的路易·博塔继任布尔野战部队总司令。

1900年4月底，又一大批英国援军开到南非。经过兵力调整，在主攻方向上，罗伯茨有8个步兵师（第3、6、7、8、9、10、11师，殖民地师）和第12骑兵师。英军在5月初重新发动进攻。5月12日，罗伯茨的大军攻克奥兰治自由邦的新首都克龙斯塔德，德韦特和博塔掩护着在牛车上办公的斯泰因总统和奥兰治政府，再度后撤到一个荒凉的小村——林德利。由于接连遭到失败，布尔人的士气一落千丈。在罗伯茨的宽大许诺下，许多在英军后方活动的民团团员纷纷向英国人投降，交出武器，然后返回自己的农场。到5月中旬，仍在战斗的布尔人只剩下了2万多人。西线方面，5月17日，罗伯茨派出的一支部队在马弗京郊外击败了斯奈曼指挥的布尔民团，并为马弗京解了围，打通了连接开普和贝专纳兰的西开普铁路。固守马弗京长达210天的巴登—鲍威尔上校成了大英帝国的民族英雄，英国报纸对"英勇的马弗京保卫战"大加吹捧。5月19日，东线的布勒将军攻克了从纳塔尔通往德兰士瓦的大门，第一次布尔战争中那场决定性的战役地点——朗峡。由于一度凶狠善战的布尔野战部队已经成了强弩之末，布勒的部队在9天内竟然推进了138英里！

1900年5月24日，米尔纳勋爵在布隆方丹宣布，从即日起大英帝国兼并奥兰治自由邦，将其改为"奥兰治河殖民地"，他自己担任殖民

皇家军骑士的乐园——桑赫斯特皇家军事学院

地的第一任总督。在场的布尔人无不洒下一掬热泪。奥兰治自由邦政府虽然比暴富的德兰士瓦政府清廉、开明得多，但是狭隘的民族感情和政治上的短视使他们最终丧失了独立地位。吞并奥兰治之后，英军加紧向德兰士瓦进攻。5月29日，弗兰奇将军指挥澳大利亚骑兵部队，在约翰内斯堡南郊的克利普河击败了守卫这座南非矿业中心的最后一支防御部队。5月30日，克鲁格总统乘坐火车离开首都比勒陀利亚，之后的3个月，他一直在这列火车上指挥军队继续作战。5月31日，罗伯茨进入约翰内斯堡。

在消灭了试图抵抗英军、保卫首都的最后几支零散部队之后，1900年6月5日清晨，英军开进了空荡荡的比勒陀利亚。关押在这座城市中的英军战俘从用作监狱的国立师范学校中释放出来，和入城的英军热烈拥抱。半年之后故地重游的随军记者丘吉尔先生满意地发现，他那些留在战俘营的同胞都得到了德兰士瓦人良好的待遇。入城士兵们还举行了联欢活动，随同罗伯茨远征南非的诺福克公爵、马尔巴罗公爵同来自格拉斯哥的士兵一道跳起了苏格兰舞蹈。下午2点整，罗伯茨将军骑马入城。他发现这座绿荫环抱中的城市"典雅而庄重，建筑宏伟，市容整洁，完全可以和欧洲第一流国家的首都媲美"。高举着五颜六色军旗的英军从各个方向入城，黄色卡其布的潮流在比勒陀利亚的街道上整整流淌了2个小时。罗伯茨和他的参谋部人员沿着克鲁格总统大街来到位于城市中央的政府广场上，广场的中央是一个光秃秃的大理石基座，上面前不久还安放着克鲁格先生的铜像。广场周围环绕着古典主义风格的政府各部、立法会和南非高等法院大楼。罗伯茨抬头望去，在南非共和国立法会大厦上，已经高高地升起了米字旗。

枭雄风采

走进科学的殿堂

攻占比勒陀利亚之后，罗伯茨的4万部队在原地休整。但是他不久就懊恼地发现，英军从开普敦到比勒陀利亚的漫长补给线受到了仍在抵

今日开普敦一景

抗的布尔人的袭击。盘踞在奥兰治东部山地和西北隅的斯泰因、博塔、德拉瑞、德韦特、普林斯洛等人仍在指挥着大约1万人的布尔部队，不断骚扰东西开普铁路，破坏英军交通线。经过几次战斗，弗兰奇将军的骑兵将他们驱逐到了巴苏陀保护国边境。布勒将军指挥纳塔尔境内的英军向西进军，于7月6日在东德兰士瓦的斯坦德顿同北上英军主力会师，将残存的布军分割为两部分。此时，德兰士瓦和奥兰治的主要城市和铁路线已经被全部占领，布军开始转入游击战。在约翰内斯堡和比勒陀利亚两地，英军还挫败了多起布尔人的暴动企图，罗伯茨不得不宣布，如果再有类似企图，他将停止释放战俘。

皇家军骑士的乐园——桑赫斯特皇家军事学院

1900年9月1日,罗伯茨宣布英国兼并德兰士瓦,并宣称战争结束。9月11日,克鲁格总统得到流亡的德兰士瓦政府授权,抵达葡属莫桑比克首府洛伦索马贵斯。10月19日,克鲁格乘坐荷兰女王威廉明

莫桑比克一景

娜派来的巡洋舰格尔德兰号前往欧洲求援。在欧洲,虽然克鲁格受到德国人、法国人、荷兰人的热烈欢迎,但是正在忙于向中国勒索赔款和处理义和团善后事宜的欧洲各国政府,特别是在非洲问题上已同英国达成政治交易的德国政府,却表现十分冷淡。威廉二世皇帝为了躲开他,干脆跑去乡下庄园狩猎。克鲁格在法国和瑞士度过了最后4年的流亡生活。

到了1900年初,布尔战争的第二时期,战争已经全面进入了作战双方比拼国力的消耗阶段。与领土遍布全球、工业规模居世界之首、完

走进科学的殿堂

全控制海洋且拥有上亿人口的大英帝国相比,两个布尔共和国只有44万人口,以采矿业为基础发展起来的工业体系,使得他们除了矿业和消费品制造之外没有大规模的工业,尤其缺少对国防极为重要的钢铁、军火和化学工业,其军火物资依赖从德国、法国和荷兰进口。而且作为内陆国家,在英国及其附庸国葡萄牙关闭了主要海港的情况下,他们无法在战时从海路获得外界援助。在这种情况下,英国作为头号帝国主义大国的雄厚国力(充沛的兵源、雄厚的财力、完整的工业体系、发达的技术水平、巨大的钢铁产量、快速的海上运输能力……)对于英军在战争中获胜起到了决定性的作用。

在原德兰士瓦首都庆祝了战争的胜利结束之后,罗伯茨将军于1900年11月29日离开比勒陀利亚,回国接任英军总司令的职务。他将南非军队的指挥权交给基钦纳勋爵,伊安·汉密尔顿勋爵接任参谋长。

罗伯茨离开南非前给本土发去的电报中,将布尔人说成是"小股盗匪",并说"战争已经真正告一段落,我的任务已经完结。"在罗伯茨大人"南非战争已经真正告终"的保证下,维多利亚女王得以欣慰地在1个多月后的1901年1月22日去世。

罗伯茨本人作为远征军前敌司令,他的任务的确是"完

维多利亚女王

皇家军骑士的乐园——桑赫斯特皇家军事学院

结"了，但是，他在南非留下的多达25万人的军队却经年累月不能击溃布尔人的"小股盗匪"。退出城市的布尔军队，此时已经化整为零，组成多股游击队，发挥野战骑射之长，袭击英军交通线，掠取英军给养，歼灭小股英军。布尔人的游击队在德韦特、德拉瑞、博塔、扬·史末资和詹姆斯·赫尔佐格等人的领导下，越打越顺手。他们熟悉地形，并得到了当地居民的支持，散布在广大地区的布尔人农场成为游击队的根据地。基钦纳勋爵在掌握南非英军的最高指挥权几个星期后，便致函新任陆军大臣布罗德里克，表示深恐大臣"对于最近战争的发展会感到失望"。他估计以民兵身份作战的布尔人仍有两万之众，而且他还补充说："这些人并不是经常以民兵的身份出现的。在他们未奉号召出动之前，往往在他们的田地上，像最安分守己的居民一样地生活，或许还以粮秣、牛奶和鸡蛋接济最临近的英国驻防军……目前他们显然已经全部出动，因而他们忽然之间显得人数众多，并且一有机会就勇气百倍地进行活动。由于地域广袤，所以布尔人可以来去自如，更由于非常机动，所以能够乘隙袭取没有充分警惕的任何哨站。每一个农庄都是他们的一个情报机关和供应站，因而几乎无法包围他们或擒获他们。"

布尔战争旷日持久，双方精疲力尽，欧洲各国对英国的抨击和指责也日益激烈。以法国和俄国为首的欧洲各国开始调停。1901年6月，沙皇尼古拉二世向英王爱德华七世致函，请求他的伯蒂叔叔（尼古拉二世的妻子是爱德华七世的外甥女）"大发慈悲，停止这种对拼命捍卫其本土的一个弱小民族的杀戮……"爱德华七世对南非战争的拖延也感到越来越不安，越来越不耐烦，因此对陆军部严加指责。基钦纳盼望战争结束的心情不亚于英王，事实上在1901年2月，他就已经开始对此事

走进科学的殿堂

和路易·博塔进行秘密谈判。

沙皇尼古拉二世　　　　　　爱德华七世

到1902年5月为止，英军已经在南非靡耗战争费用两亿两千万英镑，死亡2.1万多人。而他们的对手神出鬼没，捉摸不定，德兰士瓦和奥兰治的两个政府也是无从追踪，其残存的军事力量仍然令英军胆战心惊。英国人深知难以迅速赢得战争胜利。但是，此时布尔人的作战能力也在迅速下降，兵力从最高时期的88000人减少到22000人，由于得不到补给，民团士兵营养不良、衣衫褴褛、士气沮丧。他们的粮秣弹药已经耗尽，只能依赖战利品为生，甚至因为无法看押战俘，只能将其就地释放（释放之前不得不把所有的英军俘虏剥光，以取得他们的衣服）。

英布双方都觉得再打下去实在是勉为其难，于是双方开始正式举行

皇家军骑士的乐园——桑赫斯特皇家军事学院

和谈。此时双方的非正式谈判已经秘密持续了一年两个月，谈判的关键，一是布尔人的独立问题，二是对待非洲人问题（核心是非洲人的选举权）。关于第二个问题，英国牺牲非洲人的利益，向布尔人靠拢，较快就同布尔人取得了一致意见。1901年3月7日，在由基钦纳公布的米德尔堡建议中，宣布德兰士瓦和奥兰治殖民地中的非洲人在未建立代议制政府之前没有选举权；即使将来给予他们选举权，也应加以限制，以保证白种人享有绝对优势。这实际上就是排除非洲人在上述两地享有选举权。关于第一个问题，双方长期相持不下。英国进行这场战争的目的就是要兼并布尔共和国，因此寸步不让，先后五次坚决拒绝奥兰治总统斯泰因提出的维持独立的要求。布尔人不得不退而求其次，要求掌握独自制订和执行对土著的政策的权力。

1902年5月15日，代表2个布尔共和国、32个地方民团和165个

弗里尼欣一景

走进科学的殿堂

游击队的布尔人代表在弗里尼欣开会，讨论和战前途。许多地区代表忧心忡忡地谈到集中营政策、人口下降、非洲人的敌意和威胁，建议不惜任何代价争取和平。但是他们在最后时刻仍力图保持独立，而宁愿放弃兰德金矿主权，并将斯威士兰转让给英国。5月27日，米尔纳勋爵来到弗里尼欣，同布尔人代表史末资将军举行会晤。

在会晤中，米尔纳提出了12条和谈条件，双方战火终于得以平息。

值得让人们骄傲、让罗茨本人自豪的要数英国的"罗伯茨"浅水重炮舰，舰名取自英国历史上著名的陆军将领，还有许多类似的情形，这大概与它们主要从事对陆火力支援任务有关。这也是对那些英雄表示怀念。

枭雄风采

"间谍"揭秘

皇家军骑士的乐园——桑赫斯特皇家军事学院

007 詹姆斯·邦德之父

1908年5月伊恩·弗莱明出生在英国伦敦。1926年，18岁的他进入了桑赫斯特皇家陆军学院，因他不是一个安分守己的好学生，后又退学。弗莱明曾作过记者、最差劲的证券经纪人、海军情报局局长私人助手。弗莱明的间谍生涯，比007更具传奇色彩。作为世界著名的作家，他最优秀的作品是《007——詹姆士·邦德系列小说》和以间谍生涯为素材的作品《豪华赌场》。

"间谍"一直是吸引人的名词，世界著名作家当过间谍，这让人们产生猎奇的兴趣。他们的名字妇孺皆知，但他

伊恩·弗莱明

们当过间谍这一段特殊的历史却鲜为人知，他们在第一次世界大战、第二次世界大战和冷战期间，曾经从事过秘密工作，正是得益于这些难得的经历创作出了脍炙人口的间谍小说。伊恩·弗莱明亦如此。伊恩·弗莱明最重要的间谍活动是在二战期间。他曾率领情报突击队，捣毁意大

利人在阿尔及尔的海军司令部驻地，缴获大量档案、密码本、暗语及舰队战术命令；也曾搞到最完整的西西里岛沿岸防御工事和雷区布图，为盟军攻占西西里岛作出了重要贡献。

伊恩·弗莱明是南牛津郡保守党众议员瓦伦丁·弗莱明少校和伊美琳·圣克罗斯·弗莱明的儿子。小时候，弗莱明就不是一个循规蹈矩的孩子。他从小就不喜欢家里乡间的狩猎、射击、钓鱼等传统。幸运的是，他进入了多塞特郡的一所叫顿弗德的奇特的预科学校，校长及其夫人都很友善，对他也很好，是以校为家的和蔼开朗的人。不久，弗莱明就如饥似渴地读起萨克斯·罗默、约翰·巴肯和罗伯特·路易斯·斯蒂文森的书来了。这也预示着他的爱好及未来开始间谍生涯和写作的可能。

多塞特郡一景

弗莱明在整个童年时代里都与家庭的志趣格格不入。他不喜欢狗和

皇家军骑士的乐园——桑赫斯特皇家军事学院

马,特别讨厌圣诞节的家庭聚会。他似乎受到了弗莱明家族的苏格兰血统的束缚,始终小心翼翼地避免越轨行为。久而久之他养成了两种个人爱好:射击和散步。并在这两个项目上取得了相当好的成绩。

1921年秋,弗莱明进入了于1440年创办的伊顿公学,伊顿公学位于伊顿镇,是英国一所著名的贵族男子中学,这里的毕业生去向都很好,多数学生升入牛津、剑桥等名牌大学。进入这里的弗莱明已经意识到自己的英俊相貌。他把不少心思花费在打扮自己上。他还在自己的特长项目上一展雄姿。他哥哥皮特也在伊顿就读,并且得过许多奖,是伊顿体育协会会长。但弗莱明很快就成为校队的神射手和第一流的运动员,独自称雄伊顿。他拥有连续两年独占鳌头的非凡战绩。给伊顿师生留下了深刻的印象。

伊顿公学

走进科学的殿堂

"间谍"揭秘

牛津大学一景

剑桥大学一景

皇家军骑士的乐园——桑赫斯特皇家军事学院

然而不幸的是，弗莱明因为"与女孩子发生关系"行为不良被学校开除，提早一年退出伊顿。后来，他只好去了一所补习学校临时抱佛脚，准备报考桑赫斯特皇家陆军学院。幸运的是他于1926年秋进入了桑赫斯特皇家陆军学院。之后，他似乎又不安分起来，于是又退了学。他的母亲很难过和绝望，将他送到位于奥地利蒂罗尔由福布斯·丹尼斯及其妻子和小说家菲利斯·伯托姆管理的学校。这是一所不同寻常的学校。学校教育重视学说治校，他们认为孩子最初的五年对性格的形成最为重要。然而，要让弗莱明得益于这种特殊理论似乎是太晚了。不过，就是在这里，弗莱明却终于找到了完全适合于他学习和交际的环境——迎合他内心充满同情与理解的教学方式。在这里，他感觉很是如鱼得水。

弗莱明从蒂罗尔的学校中获益匪浅。1963年，他给菲利斯·伯托姆写信说道："回首往事，我深信我们三个人后来成为成功的作家，都离不开您的影响。我清清楚楚记得，我写过一篇相当离奇古怪的短篇小说，竟然得到了您亲切的好评。而那其实是我的处女作。"

弗莱明在蒂罗尔逗留一年之后进入慕尼黑大学学习。在那里，他目睹了第一次爆发的纳粹运动。同时，他开始学习俄语。后来，他又到日内瓦继续求学，1930年返回英国。弗莱明掌握外语非常轻松，因而促使他在1931年夏参加了外交部的考试。然而考试结果却令他大失所望。经过痛苦的抉择后，最终他放弃了从事外交活动的念头。

1931年10月，弗莱明加入路透社，并且很快就闯出名号。他最具代表性的作品是报道1933年莫斯科审判大都会—维克斯电气公司工程师间谍及破坏一案。在路透社，他很感激这次工作机会来之不易并深有

走进科学的殿堂

感慨。弗莱明记述他在路透社的时光时写到："我写作很快是在路透社

慕尼黑大学一景

莫斯科一景

学的，而且最重要的是要'确实'。在路透社工作，写作不好确实是会被炒鱿鱼的。"在这里，他的写作水平得到了一定的锻炼和提高。

1933年，弗莱明被派往莫斯科采访以间谍罪被逮捕的大都会—维克斯电气公司的六名英籍工程师的审判情况。俄国给他留下了深远的影响，在那里，他所看到的片面景象导致了他用陈腐僵化的观点来看待俄国。他很好地把握了这次机会，通过这次自我展示，他更加喜欢记者这份工作。

因为未通过外交部考试，以及经济上不得不依赖母亲的现实，弗莱明努力着去做一个成功的新闻记者。这次，身担重任的他也的的确确证明了，他足以成为一名机智伶俐的记者。在等候判决结果的时候，因为他不得不撰写许多单调的新闻报道。他的创新天才总能够把最枯燥乏味的新闻写得生气勃勃。他借助于开辟一条电话线的机会，比他的同行抢先一步发出了判决的消息，并在莫斯科逗留的最后一个星期里，力图采访斯大林。但是，令他失望的是，斯大林谢绝了。

弗莱明的俄国之行使他名扬路透社。路透社把远东特派记者的要职授予他，这对于一个25岁的年轻人来说，无疑是个荣耀。但意料之外的是，就

斯大林

走进科学的殿堂

在这时，伦敦的证券银行家开设的库尔公司要聘用他，对方承诺两年后让他参与合伙，报酬比路透社的工资要高得多。受到家庭的压力和家人的劝说，弗莱明于是离开了路透社，去银行及股票市场一试身手。

这个决定与经济打交道的人怎么会与"情报"、"间谍"这样的字眼有牵连呢？

当时，海军情报局局长戈弗雷上将在调查证券经纪行业的过程中，对这个由记者改行的年轻人产生了浓厚的兴趣。他把弗莱明请到卡尔顿餐厅，一同享受一顿丰盛的午餐。奥伯利·休·史密斯上将当时也在座，显然他既是观众，又是裁判。戈弗雷实际上想招收一名精力充沛、机敏伶俐的高级私人助手。这个关键职务要求出任者具备适宜的个性和进取心，而弗莱明受到邀请，则是因为英格兰银行总裁亲自出马极力推荐。但是在席间，戈弗雷只是告诫他，应该对担负"战时极为重要的一项工作"有心理准备。显然，当时弗莱明对实情还不甚明了。

弗莱明开始每星期至少用三四个下午来拜访这位海军上将。他穿过大战时一度成为历史上著名的"神经中枢"的39号房间，来到戈弗雷凛然独坐的38号房间。然后，他们两人就讨论起弗莱明即将出任的私人助手的工作，以及该职务的作用。戈弗雷几乎马上就明白了，弗莱明为什么会得到银行总裁的极力推荐。弗莱明非但主意多，而且戈弗雷知道他那坦率的自信态度，也会为海军军部的高层人士所接受。大家对他都十分看好。

1939年7月26日，弗莱明被任命为皇家海军预备役志愿兵上尉。戈弗雷上将解释他那别出心裁的任命时说："从一开始我就想到要把一切情报都告诉弗莱明，万一要是我出了什么事，那么就有人了解情况，

『间谍』揭秘

皇家军骑士的乐园——桑赫斯特皇家军事学院

他可以保证情报局继续正常工作。我还派他代我出席一些重要的部门日常会议。"这些会议的内容是宣传手段和计划，政治战和颠覆活动。对于弗莱明这样的人来说，这个新任命融合了新闻工作的变幻莫测和证券经纪的强大能量，从而激发起他的冲天干劲。他是一个天生的调解人，但是以强凌弱不是他的作风。他虽然特别精明圆滑，但是对高级将领并没有格外尊崇。他对他们都是一视同仁。弗莱明作为戈弗雷的私人助手，拥有了比他原先想象的要大得多的权力，他比局里三个处的许多高级军官掌握更多的机密，所以戈弗雷担保他很快就会晋升少校、中校。

情报局里某些方面的工作使弗莱明想起了巴肯。通过海军情报局，他接触过执行诸如向被占领的欧洲地区空投人员、物资之类特殊任务的特别行动队，这激发起了他的想象力，并成了邦德小说的极好素材。自然弗莱明还同军情五处和六处有着密切联系，他在军情五处第一次认识了马克斯韦尔·奈特，据说詹姆斯·邦德那个影子，一般的上司就是以戈弗雷和奈特为原型的。

弗里西亚群岛

走进科学的殿堂

弗莱明也从他兄长皮特的情报冒险活动中，获得了创作詹姆斯·邦德系列小说的灵感。在这一时期，对弗莱明影响很深的另一个人物是厄斯金·奇尔德斯。弗莱明读完《沙滩之谜》后，就开始了他那半真半假的秘密历险。1940年，他驱车沿着德国北部海岸，饱览了弗里西亚群岛的陌生风景。后来他记下了这次旅行的情况：我认真地留意这些岛屿的名称——沃格鲁奇、斯皮克鲁格、诺顿尼、伯库姆。那时候，我无休止地研究海军部的海图，酝酿了一系列行动计划：把我和一名同样勇敢的报务员，用潜艇送到这些群岛上潜伏下来，报告德国潜艇和舰队的动向。"弗莱明的梦想没有能够实现，因为戈弗雷不打算拿他的得力臂膀去作那样鲁莽的冒险。"海军上将丹宁认为弗莱明的有些念头简直是疯狂的，但他又不得不承认：尽管他的许多不切实际的计划只有一线可能，但又不得不三思之后才把它扔进废纸篓。例如，就在袭击迪耶普前夕，他提出把人藏在大混凝土块里沉在英吉利海峡中，通过潜望镜监视港口。即便是这个计划也许会奏效，但是这个计划自然没有被采纳。

"间谍"揭秘

英吉利海峡一景

皇家军骑士的乐园——桑赫斯特皇家军事学院

弗莱明尝到了这种特殊工作的兴奋滋味，但却开始嫌它太书生气。他越来越急切地想在大战中，担负更复杂更激动人心的任务。1940年6月，法国向德国军队投降时，他的机会终于来临了。当时巴黎随时都有沦陷的可能，但在海军上将达尔朗指挥下的法国海军，作为世界第四大海军，仍不失为一支颇具实力的现代化舰队。在邱吉尔的计划中，达尔朗应该命令这些舰船驶入英国港口，划归英国皇家海军使用。但是达尔朗对此没有表示同意。而戈弗雷对德军长驱直入巴黎、英法之间的联络随时有被切断的危险已不再抱丝毫希望。这时，弗莱明建议把他和一个报务员用飞机送到法国，让他尽可能近地留在达尔朗上将的身边，直至达尔朗作出决定——最好是正确的决定。对于自己的决定，他是如此的坚决。

最终，戈弗雷决定孤注一掷，他批准了弗莱明的这个计划。6月13日，弗莱明和一名报务员乘飞机抵达布尔歇，前往达尔朗设在蒙巴宗的指挥部。但不幸的是，达尔朗似乎并没有认识到他处境的危险，尽管伦敦方面指示他从速移交舰只，

达尔朗

并立即撤离，但他却丝毫没有改变态度的意思。就在达尔朗犹豫的时候，德国飞机轰炸了他的指挥部，迫使他不得不撤退到波尔多。在波尔多，弗莱明发现取道吉伦特湾是最有可能逃出西欧的一条路线。正当英

"间谍"揭秘

走进科学的殿堂

国人继续力图唤醒达尔朗的时候，戴高乐取道吉伦特逃亡到了英国。

弗莱明通过他的秘密电台收到指示，要求他确保一批隐藏的飞机引擎和零件不落入德国人之手。他十分积极地把这批物资运上了一条驶往英国的船。弗莱明还花了不少时间焚毁他认为不能落入德国人之手的文件。他最为大胆的成功之举，是他说服了一些泊在吉伦特湾外的中立国船只帮助疏散难民。弗莱明不仅组织了那次大疏散，而且在混乱的人群中收容了一位特殊难民——阿尔巴尼亚的索古国王。弗莱明从未如此风光地指挥过这些皇室难民登上他的船队。

戴高乐

弗莱明向驻法英国大使建议，英国政府是不是能在大战期间把怀特岛交给达尔朗上将，作为法国领土驻扎他的舰队。然而，他的建议遭到了冷眼和非议。

弗莱明勉强回到伦敦的办公室里，戈弗雷立即决定不再放他离开半步。弗莱明尽管独立做出了一些成绩，但他依靠了很不可靠的运气和脸皮。所幸他人虽被禁锢在办公桌后面，但是作风还未完全被束缚住，他依然能够想出一些特别新颖的主意。在这里，人们并非真正的想奈何他什么。

「间谍」揭秘

皇家军骑士的乐园——桑赫斯特皇家军事学院

在不列颠之战的初期，海军情报局得到了有关德国的一种新型的大功率汽艇的详细情报。德国人用这种汽艇来运送在荷兰、法国北部沿岸被击落的德军和盟军飞机的乘员。弗莱明提议截获一艘这样的汽艇，以便研究船上所用的密码。他的想法被批准了。他决定布下一条锦囊妙计。他需要一架缴获的德国飞机，一个会说德语的英国飞行员和一次上演一幕假坠毁的好机会，借此把德国人引到海峡中靠近法国沿岸的某个地方，然后冒充德军的机组人员，一举俘虏汽艇上的德国人，对汽艇进行全面搜查。

弗莱明带了海军情报局军官皮特·史密瑟斯，去寻找德国枪械和一套真正的德国飞行服。最后在皇家空军一座专门存放缴获的德国军服的机库里找到了。弗莱明凭着他特有的冲动试穿上一套德国军服，大摇大摆地冒充德军飞行员去找兄长皮特·弗莱明少校。当时皮特·弗莱明少校派驻在特伯雷附近地区。这种无边无际的玩笑正反映了弗莱明式的幽默。可是，最终这个计划被取消了，原因并不是设想欠妥，而是被缴获的完整无损的德国轰炸机找不到。

弗莱明就是这样的别出心裁和具有迷人的魅力。工作中，戈弗雷一直器重和发挥弗莱明的才干，然而，戈弗雷的秘书爱德华·梅里特仍然不失为一个挑剔的评论者，而且他的话里嫉妒成分很强：你不能对弗莱明在海军情报局的工作形成错误的观念。他不是詹姆斯·邦德。他是一个像我们大家一样甩笔杆子的人……当然，他了解局里的全部工作情况，但是他好像从来不是真心喜欢参与这些工作。即使他心里有这种渴望，但我从未看见他流露出来。简而言之，伊恩的"战争"就是挥汗、流泪加苦干，但是绝对没有真实的流血。

走进科学的殿堂

从弗莱明在法国的举动来看,这个结论并不公正。即使此刻他坐在办公桌前,他肯定也会做出一些重要的成绩。这些成绩中有一些还得归功于他的私人关系。1939年他把《每日邮报》的塞夫顿·戴尔默介绍给戈弗雷,从而为建立"大西洋广播电台"奠定了基础。那是戴尔默和海军情报局联合筹建的电台,专向德国潜艇官兵提供假情报。弗莱明和海军宣传科的关系也非比一般。戈弗雷设立该科是用来骚扰德国海军的。宣传科里全是货真价实的作家:科长唐纳德·麦克莱伦后来当上了《星期日电讯报》编辑,曾是他的副手的小说家罗伯特·哈林后来成为《住宅与花园》的编辑。别的"笔杆子"还有很多很多。

有人说弗莱明曾经是个赌徒,源于他在1941年的一次旅程。这次旅行的经历,后来用在了他的第一本惊险小说《豪华赌场》中。英国海军情报局决定与美国同行加强联系,为此弗莱明和戈弗雷上将一起飞往华盛顿,与美国海军情报局进行秘密磋商。途中他们乘坐的"空中岛"式飞机在里斯本停留一夜。军情六处已经通知弗莱明,里斯本和相邻的埃斯托里尔到处都有德国间谍晃来晃去。当弗莱明得知那些间谍的头子,每天晚上都带着两名助手在埃斯托里尔狂赌时,他就决定公私兼顾,来个办公玩乐两不误。他竟把戈弗雷上将哄进了赌场。弗莱明日后曾一再声称,他曾亲自上阵和德国人赌博。

戈弗雷上将回忆称:他们度过了一个特别漫长而无聊的赌场之夜。他留意到弗莱明自从大战爆发以来这是第一次坐下来玩,他的眼睛里闪出了光芒。但是赌注下得很低,因为那夜只有少数几个葡萄牙人在赌场。弗莱明继而对戈弗雷小声说,如果那些葡萄牙人是伪装的德国间谍,那么他们俩的收获相当可观——想方设法让德国人输得干干净净。

皇家军骑士的乐园——桑赫斯特皇家军事学院

可是，戈弗雷认为他的推测不可靠，戈弗雷一心只想着上床睡觉。最终赌本没有输掉，弗莱明的神经大概又放松下来。

里斯本一景

来到美国，弗莱明遇到了英国情报机关驻美代表，加拿大百万富翁威廉·斯蒂文森爵士。在第一次世界大战中，斯蒂文森是立过功勋的战斗机驾驶员，他还曾是欧洲业余轻量级拳击冠军，弗莱明把他看成一个标准的英雄。斯蒂文森还擅长调制马提尼酒。他是出了名的沉默寡言的人。弗莱明把他的性格和生活方式中的许多特点提炼之后，移植到了邦德身上。他对斯蒂文森收藏的包括密码机在内的那些精致的小玩意特别感兴趣，他常常流连忘返地观察那些小玩意的运作原理。

1941年5月，弗莱明开始了他对大战贡献最大、最富创造力的工作。在德军入侵克里特后，他开始对奥托·施考齐尼的活动产生了兴趣，后

走进科学的殿堂

来他在《探月号飞船》中以此塑造了雨果·德莱克斯这一人物。

有一次，弗莱明和他的英国同事在皮卡迪利大街的司各特餐馆请一些德国战俘吃午餐。他打算灌醉被俘的德国潜水艇艇长和驾驶员，从他们嘴里打听他们是如何避开在挪威和丹麦之间连接北海和波罗的海的斯卡格拉克海峡内的盟军布雷区的。弗莱明先是巧妙地设法放他们出战俘

『间谍』揭秘

波罗的海一景

营"观光"，然后，他和他的同谋扮演被迫为政治家打仗的急于亲近他们的友好军官的角色。然而，酒精还没有起作用，就有一个侍者注意到那些德国人的衣着很古怪（更不用说口音了）。特别调查局派人员到餐馆了解情况，最后把所有人统统逮捕。这是弗莱明的一个不太成功的计划，结果弄得戈弗雷相当难堪。

96

皇家军骑士的乐园——桑赫斯特皇家军事学院

一波未平,一波又起。不久,弗莱明又着手实施另一个类似的计划,结局令人可惜。

1942年初,海军情报局正在筹划袭击法国海岸。弗莱明建议由一支他称为"情报清道夫"的特种部队,配合常规的先锋突击队行为。

法国海岸一景

戈弗雷经过再三考虑,最后同意弗莱明负责指挥。这显然是弗莱明发挥创造力的大好时机,但是同意的命令下得太迟,他无法把方案考虑得尽善尽美,实施起来可能得非常谨慎,并不断进行调整。当袭击法国海岸的时机成熟之际,弗莱明挑选了两名海军上尉,拨给他们一支由十名精锐海军陆战队士兵组成的掩护小队,命令他们偷袭德军指挥部。弗莱明又一如既往地请求戈弗雷允许他和小队一起去,可是他也明白希望渺茫,他太重要了,戈弗雷不能失去他。尽管如此,他还是获准在一艘参与进攻的军舰上观战。由于加拿大部队的耽误,他的情报小队未能离船登陆,相当可惜。

弗莱明希望寻找机会大显身手。这个机会最终在 1942 年夏末到来了。当时,海军情报局正在计划配合英美联军进攻北非。对于这一次尝试,弗莱明拥有足够的时间,更为细致地组织他的情报突击队。他认真挑选了两名指挥官:北极探险家昆廷·莱利和邓肯·柯蒂斯。弗莱明得

白金汉宫

到了七名皇家海军陆战队士兵。他奉命负责训练这支队伍。这些优秀的士兵正式被称为"30 突击小分队",私下被称为"弗莱明的私家军"。为了训练手下这些人员,弗莱明把他们带到苏格兰营地,在那里学习如何爆破保险箱、溜门撬锁以及破门而入。一旦他们掌握了那些技术后,他又把他们带到白金汉宫中的一幢房子里,再学习有关轻便武器、雷

达、伪装地雷、布雷区、葛里炸药、可塑炸药的知识，以及如何把情报译成密码和破译密码等技术。这一切都给詹姆斯·邦德的历险活动提供了至关重要的专业知识，培养了一批社会需要的有用人才。不久，他的部下就为他争得了荣誉，取得了英国情报部门的一次大捷。

弗莱明的"30突击小分队"已经证明，它足以承担未来的各种行动任务。弗莱明力争扩充队伍规模。结果，他又得到皇家海军陆战队的一个班，用以加强突击队的防御和攻击力量。弗莱明的私家军还得到了自己的运输工具和正式身份，其标志就是他们的特殊军服——卡其布战斗服和海军军帽，成为军队中的奇葩。

然而，这是弗莱明最后的军事成就，因为戈弗雷上将调任皇家海军驻印度将官，他的接替者——海军准将拉什布鲁克，却并不怎么赏识弗莱明。弗莱明的影响力虽说削弱了，但私家军却越来越强大，并仍旧处在弗莱明的严格控制之下。后来，在私家军中产生的骄奢淫逸的风气，却激怒了思想单纯的弗莱明。

后来福布斯·丹尼斯说："伊恩总爱把事情做过头，他追求一种事事都是大团圆结局，令他永不感到失望的神话境界。那在过去或在将来当然都是不可能的。"弗莱明在牙买加的"金眼"别墅，也许是最接近他那种神话境界的地方。

1945年11月4日，弗莱明离开了海军情报局。复员之后，他重操战前收集珍贵藏书的旧业。

1946年，伊恩·弗莱明终于如愿以偿，以2800美元的价格购下在牙买加奥卡贝莎这处依山傍水的荒地，面积15英亩。在这之前，这里不过是一处当地土著运送香蕉的码头。

走进科学的殿堂

他建起了一座凌驾于水上的草屋，起名"黄金眼"，日后，他的一部小说便以此命名。这里只不过是一处伊恩·弗莱明与这个世界保持距离的所在，安静，只听得见风吹过水面的声音。没有空调，连热水也没有。在草屋巨大的主卧室里，摆着一张扇形大书桌，由产自西印度群岛的蓝

西印度群岛一景

色灌木制成，好几年里，都散发着幽幽的香气。就是在这张书桌上，伊恩·弗莱明以日产2000字的速度，写出了全部14部007系列小说。

说詹姆士·邦德从此地走向世界，一点也不为过。

"金眼"其实是海军情报局的一个针对佛朗哥的行动计划的代号。在海军情报局计划中，如果佛朗哥决定投靠纳粹就封锁直布罗陀海峡。但是，弗莱明坚称这个名字来自卡尔森·麦库勒斯的小说——《金色眼睛里的影像》。卡尔森·麦库勒斯是美国"南方文学"流派中代表性的

"间谍"揭秘

皇家军骑士的乐园——桑赫斯特皇家军事学院

女作家，以擅长描写孤独者的内心世界著称。《金》一书出版曾于1941年改编成电影。凯姆斯利勋爵在他的报业集团里，给了弗莱明一个对外新闻服务部经理的高位。工作悠闲，薪俸可观，弗莱明闲下来就去旅行，尤其爱去他心爱的"金眼"别墅。

直布罗陀海峡

伯特·哈林有一次问弗莱明战后如何打算，他回答说，要写一部"旷世间谍小说"。1952年1月，第一部邦德惊险小说《豪华赌场》问世，实现了他的诺言。邦德丛书的销售创造了奇迹。弗莱明的俄国之行及其令人咋舌的战功，为他所有的邦德冒险活动提供了极好的素材。邦德是达斯科·波波夫和西德尼·雷利（俄国间谍大师）的合成（尽管弗莱明认为邦德从未达到他的创作要求），当然，邦德身上还有弗莱明本人的影子。007小说十分畅销，邦德体现出了20世纪50年代的思潮：他虽然爱国，但他却是滥杀无辜的外国人，不论好坏随随便便就和女人上床。他代表着那个时代里，某些人梦寐以求的道德沦丧的肉体自由。

但是，弗莱明自己的冒险生涯，远比邦德的要精采奇异得多。

邦德的性格尽管无关紧要，但是俄国人却把他当作一个严重威胁，把他和斯默希的交锋看作是一种反俄宣传。克格勃为了反击邦德，委托保加利亚作家古雅什写了《扎霍夫的使命》，在书中邦德败于一个共产党英雄之手。这本书在《共青团真理报》上以"阿瓦库姆·扎霍夫大战007"为题连载。1968年终于在英国出版了一个译本，此时弗莱明大约已故世四年。

人们和历史都将记住弗莱明——这个炒股票破产转而写作的作家和他传奇的间谍生涯。后来007爱好者拍出一部电影《弗莱明的秘密》，好好地虚构了一次007之父在创作出令他成名的间谍小说之前的个人冒险故事。有趣的不仅是情节中穿插了很多取材自007电影的内行笑料，而且弗莱明的角色恰恰是由正牌007——肖恩·康纳利的儿子杰森·康纳利饰演。

肖恩·康纳利

王室"寻兵"

皇家军骑士的乐园——桑赫斯特皇家军事学院

"坏学生"成长为首相

英国首相温斯顿·伦纳德·斯潘塞·丘吉尔是20世纪最负盛名的英国资产阶级政治家。第二次世界大战期间，他是带领英国人民取得反法西斯战争伟大胜利的民族英雄，是大英帝国利益的坚决捍卫者，与斯大林、罗斯福并立为"三巨头"，为大英帝国的利益奋斗了一生。

丘吉尔出身于声名显赫的贵族家庭。他的祖先马尔巴罗公爵是英国历史上的著名军事统帅，是安妮女王统治时期英国政界权倾一时的风云人物。他的父亲伦道夫勋爵是19世纪末英国的杰出政治家，曾任索尔兹伯里内阁的财政大臣。祖先的丰功伟绩、父辈的政治成就以及家族的荣耀和政治传统，无疑对丘吉尔的一生产生了十分巨大的影响，在他成长为英

丘吉尔

王室『寻兵』

国一代名相的过程中具有关键性作用。他们为丘吉尔提供了学习的榜样，树立了奋斗目标，也培育了他对祖国的历史责任感，成为丘吉尔一生孜孜不倦地追求和建功立业的强大驱动力。

7岁那年，温斯顿·丘吉尔被父母送到位于阿斯科特的一所名为圣乔治的贵族子弟寄宿学校去读书。这所学校的条件相当好，因为是专为上流社会教育子弟而开办的，所以所有的设备以及师资都是第一流的，学费自然也特别贵。但是温斯顿·丘吉尔认为学校的教育方式太刻板，方法太严厉。

在学校里，丘吉尔由于性格倔强没有逃脱挨打的遭遇。但他决不屈服，极力反抗，在挨打时拼命哭叫、踢打，有一次甚至把校长的硬草帽踩得粉碎。他心里非常痛恨这里的一切，十分怀念自己家里那种自由自在的生活。学期结束时，他的历史和地理学得较好，其他功课则都较差。学校给他下的评语是"淘气"、"贪吃"。对他关怀备至的爱维莉丝特太太在他身上发现了多处受虐待后留下的伤痕，并喊他母亲也来看了。鉴于在阿斯科特的生活使丘吉尔的健康受到损害，后来根据家庭医生的建议，将丘吉尔转学到布雷顿一所由汤姆逊两姐妹办的学校中学习。与先前的学校相比，新学校里的环境要宽松得多。尽管温斯顿·丘吉尔执拗、倔强的性格依旧，仍然是学校里最不守规矩的学生，但他再也不用担心受到体罚了。由于心情愉快，少受拘束，丘吉尔在布雷顿学校里的学习有了较大的进步。在这一期间，1886年3月，丘吉尔生了一场大病，因患感冒而转成肺炎，一度高烧不退，甚至有生命危险。他的父母闻讯后迅速赶来看他时，他已是神志不清，奄奄一息了，经过抢救才脱离危险。又进行了1个多月的精心治疗，他的病才逐渐痊愈。这

皇家军骑士的乐园——桑赫斯特皇家军事学院

场大病使他初次对人生有了较深的体验。

1888年3月,丘吉尔结束了在布雷顿的学习。父亲伦道夫打算将他送到哈罗公学去接受进一步的教育,为他将来进大学深造打基础。本

哈罗公学一景

来温斯顿应该被送到伊顿公学去读书。因为在英国,达官显贵家庭出身的子女,一般都根据其家庭地位按照约定俗成的惯例到相应固定的贵族学校学习。丘吉尔家族的子女通常都是进入全国最好的伊顿公学,伦道夫本人就是伊顿公学毕业的学生,他本来更愿意将温斯顿送到自己的母校去上学,但因为丘吉尔不久之前才患过肺炎,医生认为他肺气弱,而坐落在丘陵地带的哈罗公学,对于一个肺有毛病的孩子的健康,无疑会是大有好处的。好在哈罗公学被社会公认为是除伊顿之外的几所公学中最好的一座,或许直到今天也仍然如此。

走进科学的殿堂

在哈罗公学期间丘吉尔的学习成绩很差，也几乎一直是倒数第几

王室『寻兵』

伊顿公学一景

凡尔赛一景

皇家军骑士的乐园——桑赫斯特皇家军事学院

名。后来，综合考虑了种种因素之后，丘吉尔的父亲伦道夫勋爵决定让他将来投考桑赫斯特皇家军事学院。为此，丘吉尔在哈罗转入了被其他同学嘲之为"笨蛋的乐园"的军事专修班，为将来投考军校作准备。丘吉尔在哈罗公学的学习生活很快就将结束了。

桑赫斯特皇家军事学院当时每年需缴纳的学费为150英镑。该校学生几乎全部是出身于上流社会，因为在昂贵的学费之外，毕业成为军官之后仍需要家庭的金钱资助，所以贫寒卑微之家的子弟无法问津。

丘吉尔虽然在哈罗公学已经作了些准备，但他在投考桑赫斯特皇家军事学院时还是两次都名落孙山。为了替他补习法文，母亲将他安排到凡尔赛一个法国人家里生活了1个月，还为他介绍了许多巴黎朋友。丘吉尔很喜欢这段经历。他与这家人相处得很好，不仅能运用许多法文成语给妈妈写信，还养成了大胆讲法语的习惯，尽管他的口语很不规范，有些地方不合语法，但足以完整表达自己的意思，这一点对他后来与法国军政要人打交道发挥出了极大的用处。

回国后，丘吉尔的父母又将他送到由哈罗公学校长推荐的詹姆斯上尉那里去补习功课。詹姆斯上尉开办了一所特殊的学校，这里是专门给那些投考桑赫斯特军校的差生提供临阵磨枪的地方。甚至一些被人们认为愚笨的学生，经过在这里补习之后也能取得成功。为了提高通过率，上尉对过去的考卷进行仔细的研究，加以比较，列出可能考试的题目，有针对性地指导学生答题。

丘吉尔就是在补习学校里也不是一位好学生，他"漫不经心"、"粗心大意"、"总想当场对他的辅导老师指手画脚"，甚至提出历史课程没必要再接受辅导。丘吉尔可不算是一个"好学生"。

王室『寻兵』

109

走进科学的殿堂

就在丘吉尔准备第三次投考之前，一件意外的事故使他中断了在补习学校的学习。丘吉尔去凡尔赛补习法语的这年秋天，他的姑母温伯恩夫人把她在伯恩默思庄园里的宽大别墅借给他们一家过冬。丘吉尔在寒假时也赶来这里与家人团聚，一起度过新年。1893年1月的一天，丘吉尔与自己的弟弟和表弟玩追逐游戏。一不小心跌进了近30英尺深的山谷里，摔得头破血流，一只肾脏破裂，整整昏迷了三天三夜。他的母亲听说后及时地带着医生乘救护车赶来营救。经过3个多月的精心治疗，丘吉尔才基本恢复健康，重新开始了学习。

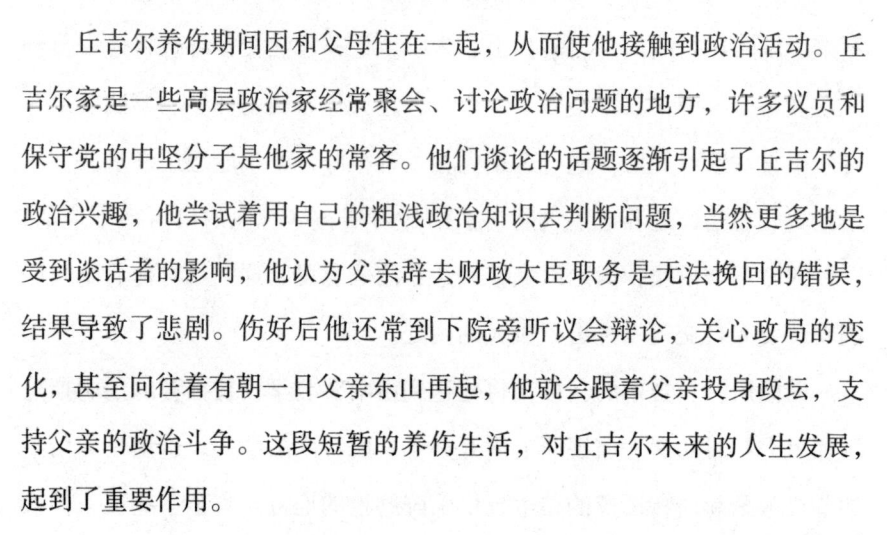

丘吉尔养伤期间因和父母住在一起，从而使他接触到政治活动。丘吉尔家是一些高层政治家经常聚会、讨论政治问题的地方，许多议员和保守党的中坚分子是他家的常客。他们谈论的话题逐渐引起了丘吉尔的政治兴趣，他尝试着用自己的粗浅政治知识去判断问题，当然更多地是受到谈话者的影响，他认为父亲辞去财政大臣职务是无法挽回的错误，结果导致了悲剧。伤好后他还常到下院旁听议会辩论，关心政局的变化，甚至向往着有朝一日父亲东山再起，他就会跟着父亲投身政坛，支持父亲的政治斗争。这段短暂的养伤生活，对丘吉尔未来的人生发展，起到了重要作用。

丘吉尔康复后继续在詹姆斯上尉的学校里进行补习，尽可能运用上尉的方法强化自己应付考试的能力，结果如愿以偿。1893年8月，他被桑赫斯特皇家军事学院录取。他的成绩刚好及格，在389名考生中他名列第95位，遗憾的是这样的分数未能达到他父亲所期望的步兵专业的分数标准，但又大大高于要求较低的骑兵专业的分数标准。

丘吉尔是在国外旅行途中，从父亲的来信中知道这一结果的。考试

王室『寻兵』

皇家军骑士的乐园——桑赫斯特皇家军事学院

之后，伦道夫勋爵即委托伊顿公学的年轻校长带丘吉尔和通常被称为"杰克"的约翰兄弟俩去瑞士作徒步旅行。后来他们还去了意大利，在到达米兰时收到了父亲的信。伦道夫在信中对丘吉尔考上桑赫斯特皇家军事学院只作了礼节性的祝贺，随即严厉地批评了丘吉尔，说他的考试成绩未能达到步兵专业的分数标准是"丢人现眼"，不容置疑地反映出"你懒懒散散、听天由命、轻率从事的工作作风"，警告他如果再不努力，就有可能堕落成为"社会废物"。

瑞士一景

王室『寻兵』

走进科学的殿堂

米兰一景

王室『寻兵』

伦道夫勋爵之所以如此生气，既有经济方面的原因，也有体面上的考虑。因为步兵专业的学员只需要负担自己的生活费，而骑兵专业的学员除此之外还得准备几匹马，以供训练、运动、狩猎以及公务方面使用。这样每年至少得多花200英镑。大手大脚爱讲排场的丘吉尔一家在经济上本来就时感拮据，现在又需增加一大笔开支，这无疑是一个沉重的负担。此外，伦道夫原以为经过补习，丘吉尔应该能考上步兵专业，所以他事先已向第60步兵团团长康诺斯基公爵要求在他的团里为丘吉尔预备一个职位，公爵业已同意。但由于丘吉尔只考上了骑兵专业，似乎只好放弃这个职位。这使伦道夫感到十分难堪。

丘吉尔的感觉则不一样。他很年轻，既感受不到经济的压力，对体面问题也不看重。只要能上军校，不管他是步兵专业还是骑兵专业，都

皇家军骑士的乐园——桑赫斯特皇家军事学院

无所谓。就他的性格特点而言，或许他更高兴学骑兵专业。但他在给父亲的回信中，还是为自己过去的种种过错而表示歉意，并保证"将用我在桑赫斯特的学习与行动力争改变您对我的看法"。发走信，他便又去进行他愉快的旅行了。

等到丘吉尔回到伦敦，准备去桑赫斯特皇家军事学院报到时，才发现自己已经被转入步兵专业学习了。

在桑赫斯特皇家军事学院他接受了真正的专业教育。与丘吉尔中小学期间经受过的严苛的校纪校相比，军校的纪律就说不上十分严厉了。倒是伦道夫勋爵给儿子定下些严格的规矩，一个学期只允许丘吉尔回家过一次周末，以保证他能够集中心思更加努力地学习。但很显然的是，自从丘吉尔成为步兵士官生后，伦道夫已经不再把他当作小孩子看待，

白金汉郡一景

而逐渐以平等的态度相待，并给予他一定的尊重。伦道夫觉得儿子变得"漂亮潇洒起来了"，感到"他站得笔挺，逐渐变得稳重"。有时他把好牌子雪茄和香烟送给丘吉尔，和善地要他节省着抽。甚至他还带丘吉尔去白金汉郡的特灵，到纳撒尼尔·罗思柴尔德勋爵家去做客，并让儿子一起讨论政治问题。只是由于伦道夫勋爵的健康状况迅速恶化，父子间的这种新型关系未能持续发展下去。在母亲陪着父亲去世界各地旅行期间，丘吉尔通过家庭医生罗斯先生大致知道了父亲疾病的严重程度。这种近于灾难的状况一下子使年轻的士官生成熟起来，他除了写信给父母以更多的安慰之外，在军校里的学习也认真多了。

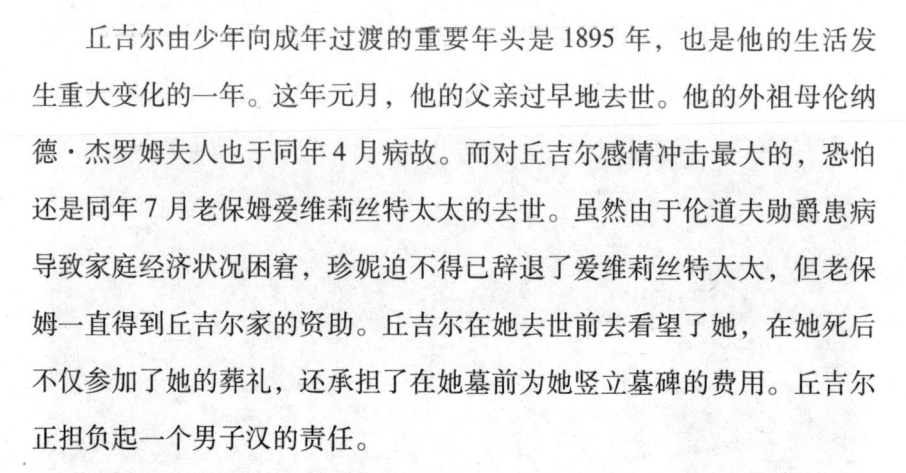

　　丘吉尔由少年向成年过渡的重要年头是1895年，也是他的生活发生重大变化的一年。这年元月，他的父亲过早地去世。他的外祖母伦纳德·杰罗姆夫人也于同年4月病故。而对丘吉尔感情冲击最大的，恐怕还是同年7月老保姆爱维莉丝特太太的去世。虽然由于伦道夫勋爵患病导致家庭经济状况困窘，珍妮迫不得已辞退了爱维莉丝特太太，但老保姆一直得到丘吉尔家的资助。丘吉尔在她去世前去看望了她，在她死后不仅参加了她的葬礼，还承担了在她墓前为她竖立墓碑的费用。丘吉尔正担负起一个男子汉的责任。

　　就在伦道夫勋爵去世前夕，丘吉尔顺利通过了桑赫斯特皇家军事学院的毕业考试。在所有130名学生中，他的成绩名列第20，这表明他在校学习期间有了长足的进步。他在马术训练这一科目中的考试成绩最好，因而他萌发了加入骑兵部队的强烈愿望。他希望被分配到第四骠骑兵团，因为他原来就认识该团团长布拉巴松上校，他对这位威尔士亲王的好朋友、多次荣立战功的指挥官十分钦佩。

皇家军骑士的乐园——桑赫斯特皇家军事学院

后来，丘吉尔请母亲给布拉巴松上校写信提出要求。上校很快回了信，出主意让他们请求总司令坎布里奇公爵同意。公爵收到信后立即欣然予以批准。丘吉尔被正式任命为军官，并被分配到第四骠骑兵团。就这样，这位新任的骑兵中尉开始了自己的戎马生涯。

然而，那时的军官大都需要家庭的经济资助，骑兵军官更是如此。因而，丘吉尔实现自己愿望的同时，也意味着给他的母亲在经济上增加了沉重的负担。丘吉尔想说服母亲每个季度定期资助他125英镑，但是他很快就明白，母亲已拮据得无法满足他的要求。幸亏他的伯母、马尔巴罗公爵夫人丽莉资助他一些，否则他在经济上还要紧张一些。

丘吉尔从来就没有节俭过日子的意识，而他的母亲在这方面更是有过之而无不及。这位身为美国百万富翁的女儿挥霍惯了，伦道夫勋爵死后仅3年时间，她就欠下高达14000英镑的债务。偿还这些债务的唯一办法是借贷，她每年为偿付旧债需借贷700英镑，丘吉尔对这种陷入恶性循环的做法很不高兴，但出于对母亲的同情，他还是认可了这一做法。

他在给母亲的信中说："我同情您的一切铺张行为，甚至超过您对我的铺张的同情，正如您认为我花100英镑买一匹玩马球用的小马是一件要命的事一样，我也觉得您花200英镑去买一件舞会礼服同样是件要命的事。然而我还是以为，您应当有舞会礼服，我也必须有玩马球用的小马，问题的关键是我们太穷罢了。"

出于无奈，丘吉尔只好自己借了一大笔钱，这虽然是一笔沉重的债务，但丘吉尔并不担心无力偿还，除了自己家族中他名下应继承的遗产之外，他还继承了外祖父杰罗姆馈赠给他的一份产业，而这份产业，即使是母亲珍妮也无权动用。

王室"寻兵"

走进科学的殿堂

在骑兵部队服役期间，许多高级军官对丘吉尔青睐有加，乐意满足丘吉尔的愿望。在陆军总司令坎布里奇大公爵来奥尔德肖特正式视察期间，丘吉尔被挑选出来担任这位年迈的大公爵的侍卫官。在陪同坎布里奇视察的过程中，丘吉尔幸运地见到了威尔士亲王，还同10年前被父亲在担任印度事务大臣时派往印度任总参谋长，现在已是陆军元帅的弗莱德克·罗伯茨勋爵"进行了长时间的谈话"。几个星期之后，丘吉尔又应邀会见了约克公爵及其夫人，即后来的英王乔治五世和玛丽王后以及他们的叔父康诺特公爵。

王室『寻兵』

丘吉尔严肃而孤僻的本性，同时使他本能地与浮华生活保持着距离。虽然他已经在为军队中"思想呆板"的状况而深感苦恼，可他不想在轻松的社交活动中忘记这一点，而是想以求知的方式弥补它。他开始着手系统地读一些经济学和历史方面的书籍，先读了亨利·福西特的《政治经济学》，还计划对吉本的《罗马帝国衰亡史》和莱基的《欧洲的道德》等著作作一番深入细致的研究。希望自己在不断充实的过程中获得进步。

乔治五世

丘吉尔每每想起父亲短暂而杰出的一生及其悲剧结局时，不禁心潮

皇家军骑士的乐园——桑赫斯特皇家军事学院

起伏，感慨万千。他已暗暗立下志愿，要走父亲从政的道路，创造比父亲政治生涯中所取得的更为辉煌的业绩，实现父亲没实现的遗愿。此时他已开始关注政治，密切注意着1895年的大选情况，为在今后几年内参加类似的竞选活动作准备。他在后来给母亲的信中写道："玩弄政治游戏是一种极好的把戏，一个高手在真正置身其中之前，磨砺则是十分必要的。不管怎么说，这4年健康而快乐的生活，既负有责任又经受锻炼，对我有益而无害。我越是研究军事，就越喜欢它，也更加确信，这非我之所长。"

可见，丘吉尔从政的意识和素质都较强，对政治的感觉准确，眼界较高，既比较投入，又有一种超然之感。这对他投身政治大有益处。然而自此时到他登上政坛，他还有很长一段路途要走。

后来，丘吉尔参加了英国在古巴、印度、苏丹、南非的殖民战争，并于1900年当选为下院议员，加入保守党，从此开始了他漫长的政治生涯。

古巴一景

走进科学的殿堂

苏丹一景

王室『寻兵』

1906年，32岁的丘吉尔首次入阁，先后担任了殖民副大臣、商务大臣、内政大臣等职。第一次世界大战期间，他担任过海军大臣、军需大臣，当时，他积极鼓吹把俄国新生的苏维埃政权"掐死在摇篮里"。1924年到1929年，丘吉尔担任财政大臣时，咒骂罢工工人是"民族的敌人"。

第二次世界大战爆发以后，丘吉尔重新担任海军大臣，并于1940年5月到1945年7月出任首相兼国防大臣。二战期间，他领导英国人民坚决抗战，挽救民族危亡，为争取世界反法西斯战争的胜利作出了不可磨灭的贡献。战后他到美国发表"冷战"演说，并力图加强英国在世界事务中的作用。1951年，77岁的丘吉尔再次出任保守党政府首相，但那时他已力不从心，无法阻止大英殖民帝国的崩溃。4年后，他辞职退休。1963年4月9日，丘吉尔在接受美国"荣誉公民"称号时发表

皇家军骑士的乐园——桑赫斯特皇家军事学院

书面讲话，回顾了自己所走过的路程，他说："我曾取得过很多成就，但到头来却是一场空。"

丘吉尔是雪茄烟的忠实捍卫者，他永远以一幅叼着雪茄的形象出现在公众面前。偶尔手里没拿雪茄，除非是在做礼拜，否则一定会发现他在手足无措地呆坐着，只有手持雪茄时，丘吉尔才恢复了他的潇洒自如。

就是这位口叼雪茄，温和的，颇具绅士风度的首相，使希特勒感到了威胁，他说："丘吉尔入阁，这意味着战争真正开始，现在我们才开始同英国作战。"抽雪茄他有自己喜欢的方式，如条件允许，会把雪茄放在威士忌酒里蘸一下再点燃，深深地吸一口，露出满意的微笑。

作为英国首相，丘吉尔的头上戴有许多流光溢彩的桂冠。他不仅是经邦治国的政治家、战争中的传奇英雄，而且还是一位著名的演说家和作家。青年时他著有《马拉坎德远征史》、《河上战争》等，成名之后他的著作有《第二次世界大战回忆录》、《英语民族史》、《世界危机》、《马尔巴罗的生平与时代》等。由于《第二次世界大战回忆录》等历史著作和演说，丘吉尔

丘吉尔叼着雪茄

王室『寻兵』

走进科学的殿堂

曾在1953年获得诺贝尔文学奖。

1965年1月初，丘吉尔因患感冒而卧床不起，15日因脑溢血而昏迷，24日逝世，享年91岁。1月30日，英国为他举行了隆重的国葬。

丘吉尔叼着雪茄

王室『寻兵』

王子兄弟从军记

从军一直是英国王室的优良传统。英国现在的哈里王子的父亲查尔斯、叔叔约克公爵、祖父菲利浦亲王、曾祖父和曾曾祖父都参加过海军。

在英国历史上，曾有过一段时间，国王和王子们都要在战场上冲锋陷阵，有些人还因此受伤或牺牲。最后一位率兵亲征的君主是乔治二世，他在1743年时领导英国军队抗击法军。

不爱江山爱美人的温莎公爵爱德华也曾在一战中担任陆军参谋。由于他是王位继承人，未被允许上前线作战。但当时的陆军大臣基奇纳曾说过一句非常有名的话，他说就算是料

乔治二世

王室『寻兵』

定爱德华会在战场上牺牲,也绝不会不让他去的。唯惟一担心的是爱德华被敌军捉去做人质。爱德华公爵的弟弟艾伯特,即后来的英王乔治六世,也曾在一战中服役。

查尔斯也曾在英国皇家空军和皇家海军中服役,并在1971年赢得飞行奖章。哈里的叔叔约克公爵,也就是安德鲁王子,在1979年参加海军后度过了20年的军旅生涯。在英国和阿根廷之间的马岛战役中,安德鲁王子在无敌号战列舰上服役,驾驶直升机完成任务并帮助伤员撤离。

哈里的祖父菲利浦亲王也是一位老海军。菲利浦亲王在达特茅斯皇家海军学院初次受训时就曾获得最佳学员称号,后来更是屡建战功,还被任命为海军舰队司令。

乔治六世

哈里王子出生于1984年9月15日。哈里王子是威廉王子的弟弟,活泼好动,热衷体育运动。足球、橄榄球、马球、游泳和滑雪等都是哈里喜爱的项目。他对橄榄球尤其擅长,已经通过了有关水平考试,并获得了英国橄榄球联盟的教练资格。作为休学年活动的一部分,哈里将在全英范围内开始6周的执教生涯。

哈里已经在英国西米德兰郡的一所小学里"小试牛刀",给一群年

皇家军骑士的乐园——桑赫斯特皇家军事学院

龄在10岁到11岁的孩子讲解、示范橄榄球。哈里身穿橄榄球联盟的标准服装，并用了大约40分钟的时间给小学生们"上课"，讲述橄榄球运动中的各种动作。随后，他热情地鼓励小学生们作动作尝试，还大声地喊着："继续，继续！"、"非常好，棒极了！"

1998—2003间，哈里王子在著名的伊顿公学就读。他从小就对军队生活充满兴趣，在伊顿公学念书期间，他就通过了层层严格选拔，穿上笔挺的军服，担任学校一年一度的三军学员仪仗队队长。但是这并不能让他满足，他的理想是进入桑赫斯特皇家军事学院深造，因为这所学院是英国陆军军官的摇篮。

喜欢运动的哈里王子

身穿军服的哈里王子（右二）

为此，这位王子在中学时一直刻苦学习，到2003年6月毕业时，他如愿拿到了双A的优异成绩，为实现梦想初步扫清了障碍。3个月后，哈里成功地通过了英国正规军任命委员会的首轮考核，这使他又朝梦

123

走进科学的殿堂

想迈进了一大步。

2006年6月21日，英国哈里王子在位于坎伯利的桑赫斯特皇家军事学院接受训练。哈里王子是在他的父亲、王储查尔斯陪伴下于5月8日，正式向桑赫斯特皇家军事学院报到，并在这里接受了44周的军训。

2007年4月12日，哈里从桑赫斯特皇家军事学院毕业，授阶陆军少尉。他还在2007年时，作为英军近卫骑后团的一名中尉，秘密前往阿富汗服役。但是，由于哈里的秘密行踪后来被媒体爆料，为大众所知，英当局担心其人身案值，于2008年就将其调回国。

曾经由于屡次惹出事端和麻烦，哈里王子一度遭到公众的批评。2002年，还未满18岁的哈里王子曾因吸食大麻和酗酒惹出争议；2004年，他又卷

王室『寻兵』

哈里王子

入了一场与小报摄影师打架的风波；2005年1月，哈里身穿纳粹军服参加化妆舞会更是引起国际社会的愤怒和谴责。另外，哈里其他的负面新闻也源源不断。

不过，随着年龄的增长，特别是在经历了一段时期的严格军事训练

皇家军骑士的乐园——桑赫斯特皇家军事学院

后,哈里逐渐成熟、懂事,更明白自己所肩负的责任和使命。

2005年,在庆祝21岁生日时,哈里曾经坚决表示,在他的军官训练教程结束后。他愿意在前线服役。他说:"我不可能在完成桑赫斯特军校的课程后稳坐家中,而看着我的伙伴们为国作战。这听起来可能是很爱国的话,但它是真的。"

接受训练的哈里王子

另一位进入桑赫斯特军校的是威廉王子,他是哈里王子的哥哥。威廉王子1982年6月21日出生于伦敦圣·玛丽医院,3岁上幼儿园,开始接受正规教育。1990年9月起,威廉进入拉德高瓦学校读书。这是一所私立寄宿学校。在这里,他学会了公平竞争,明白了集体观念。1995年,威廉王子考取了著名的伊顿公学,这是一所以培养贵族名门、政治家和作家而出名的学校。他学习出色,并且热爱体育运动。

威廉王子身材修长,有着同母亲一样的金发、一样的笑容、一样的眼神。英俊的外貌和特殊的身份使他成为女孩子们心中的偶像。

高考过后,威廉王子为自己安排了个空档年,他先后到

威廉王子

王室『寻兵』

走进科学的殿堂

伯利兹接受皇家陆军的军事训练,其后到智利参与了当地扶贫的义工服务。

2001年,威廉王子入读苏格兰的圣安德鲁斯大学,主修艺术史。同年9月,威廉和凯特在苏格兰圣安德鲁斯大学艺术系相识。

威廉在上学第一年曾考虑放弃学业,后来在凯特的劝说下继续学习,并改学地理。凯特的这一举动赢得了王室的信任。

2005年,威廉毕业并获得苏格兰二级甲等荣誉文科硕士学位,成为拥有最高学历的五位继承人之一。

2006年1月8日,威廉进入英国皇家桑赫斯特陆军军事学院学习。这将成为这位王位继承人重要的人生阅历。威廉王子进入这所著名军校就读后,和其他新兵同学相处得非常融洽,表现也很出色。

参军是威廉王子所一直向往的。他在2004年就曾经表示,拿到圣安德鲁斯大学地理学学位以后,他将考虑进入军界。

桑赫斯军校中前5周的军官训练课程将是威廉20多年人生中面临的最大身心挑战。他在这里学习如何开枪,在几分钟内把被子叠成平整的"豆腐块",接受核武器和生化武器方面的训练,进行攻击演习……最恐怖的是曾把哈里王子累得半死的"魔鬼训练"——肩扛一个约25公斤重的帆布背包,腰系特制的宽边腰带,头顶一个钢盔,手拿一支10公斤左右的SA80冲锋枪,连续8小时跑10英里(约16公里)。桑赫斯特学院的一名教官"保证"说,威廉一定会"吃尽苦头"。

虽然威廉在校身份高贵,但在桑赫斯特学院,这位"威尔士王子殿下"的称呼被降格为"威尔士见习军官"。

学院的指挥官安德鲁少将表示,他不会给威廉王子任何特殊待遇。

皇家军骑士的乐园——桑赫斯特皇家军事学院

像别人一样，他的房间里只能摆两张照片，在训练前5周不能离开学校半步，也不能与家人和女朋友有任何联系，直到通过5周后的考核，才能获得一次外出机会。其实，威廉王子本人也不希望得到"差别待遇"，因为他认为这是"最耻辱的事情"，即便奔赴火线也要和战友共同进退。

在威廉王子入校的同时，他的弟弟哈里王子的军校生活还剩下3个月。两兄弟虽然成了校友，但见面机会却很少，因为威廉将与新生一起待在老校区，而哈里却在新校区。安德鲁少将表示："我想他弟弟（哈里）会向他传授一些经验，但他们很少有机会接触。"威廉王子此前曾开玩笑说，他把弟弟看作"试验用的小白鼠"。

不过，这只"小白鼠"更像是一只"软脚虾"。在一次野营拉练中，哈里拿着地图和指南针还差点迷了路，跑了没多久就体力不支，被教官训斥为"跑得像个跛脚老太太一样"。到达目的地后，他苦不堪言地说："再跑下去只怕要出人命了！"后来，哈里又因脚上起了水泡而逃掉了几次拉练。英国博彩公司甚至还设了赌盘，赌哈里是否能顺利

威廉王子及其女友

威廉王子（左）和哈里王子（右）在校合影

王室『寻兵』

127

走进科学的殿堂

毕业。

实际上，英国王室把捍卫皇家荣誉的希望基本放在了威廉王子身上，毕竟他是以"1类成绩"通过桑赫斯特军校首轮录取测试的，而且还是要在将来成为一代君王的人。

虽然哈里的表现不尽如人意，但怎么说也算是威廉的"师兄"，他在毕业时也已经被授予少尉军衔，到时威廉将不得不向弟弟敬礼。哈里也曾开玩笑说，他很期待哥哥在校园里向他行军礼。不过，他的得意持续不了太久，因为拥有大学学位的威廉在从军校毕业时会被授予更高的军衔。

在威廉王子进入桑赫斯特学院学习前，有人曾对他的未来职业选择有过诸多猜测，据一些知情人士透露，威廉王子对参军并不"感冒"，他在跨出大学校门后的半年中，参加了不少在他看来"更有建设性"的实践活动。

威廉对田园生活非常向往，因此他在2008年4月毕业后选择的第一项实践就是去当农夫。他选择了查尔斯好友德文郡公爵的庄园，在那里与猪和牛一起共度了轻松的两周，并学习如何经营农庄，毕竟他迟早要继承查尔斯的头衔"威尔士亲王"和康沃尔领地。

生活中的威廉王子（右）和哈里王子（左）

王室『寻兵』

皇家军骑士的乐园——桑赫斯特皇家军事学院

脱下橡胶鞋后，威廉王子又改换了行头，西装革履地进驻位于伦敦著名的金融中心伦敦城的汇丰银行。威廉虽然毫无工作经验，但银行绝不会让堂堂王子殿下去干端茶倒水或复印资料之类的杂活，而是把他安置在高层管理者身边，带他与高端客户会面，让威廉在这3周中受益匪浅。

另外，威廉王子参加慈善会当义工，照顾无家可归的青少年，并与他们谈心。王子真正的兴趣所在是像母亲一样从事慈善事业。而他在慈善会的表现也赢得了工作人员和流浪少年的交口称赞，认为他颇有其母戴安娜王妃生前的风范。

在号称"英国西点"的桑赫斯特皇家军事学院，威廉王子将接受为期44周的培训，之后继续在军中服役。在桑赫斯特学院期间，威廉王子将学习枪法、参加演练。

桑赫斯特皇家军事学院的教官们对威廉王子也非常满意，一名内幕人士说："威廉王子对步枪的使用和参加严酷的越野长跑时，都表现得非常出色。"而且，此前在接受英国媒体采访时，威廉王子也公开表示，自己愿意在军校毕业后赶赴前线。

从桑赫斯特学院毕业后，威廉最少还要在军中服役3年。据悉，他非常希望能有机会成为一名直升机驾驶员，为此，他在入校前还专门学习了驾驶战斗机。

威廉王子（右）成为英皇家空军搜救飞行员

走进科学的殿堂

军事学院的司令官在接受英国广播公司采访时表示，他很荣幸威廉王子决定选择这所军校。但他同时指出，作为一名大学毕业生，威廉王子可能与他的同龄人有很多相似的地方。每天工作的时间大大少于他们睡觉的时间，但是在军校，这个时间分配要完全颠倒过来。他说，周一早晨6点威廉王子就要起床，然后领取他的全套装备。这位司令官最后还加上一句，尽管威廉王子目前的发型很适合运动，但是他恐怕还是得再接受一次"发型整理"。

威廉王子在离开军事学院后，按照传统在英国陆军服役，但是只接受了非战斗性任务。虽然王子曾公开表示有意上前线作战，但历代英国王室皆有保守传统，就是从不让王位继承人深陷险境，所以威廉王子难偿其愿。

王室『寻兵』

异域王侯

民族正氣

文莱苏丹富甲天下

文莱位于世界第三大岛加里曼丹岛北部，地广人稀，是亚洲古国之一。从地理角度看，国土面积5765平方公里的文莱是世界上最小的国家之一，其面积仅相当于两个卢森堡或美国罗德岛的大小。

文莱位于南中国海的北部，三面与马来西亚接壤，超过70%的文莱土地仍被从未砍伐过的原始森林覆盖着。

现任文莱王苏丹全名为苏丹·哈吉·哈桑纳尔·博尔基亚·穆伊扎丁·瓦达乌拉，1946年出生。他的父亲奥马尔·阿坐·赛福丁苏丹本来并非王位的直接继承人，而仅仅是第27世苏丹的弟弟。根据传统，文莱王位一般是父传子继，但因第27世苏丹没有男嗣，奥马尔便于1953年正式即位，成为文莱第28世苏丹。

日本占据文莱期间，身为王室重要成员的奥马尔沦为一介草民，住

文莱王苏丹

走进科学的殿堂

在简陋的木屋里，靠打苦工供养家人。这段痛苦的经历在奥马尔的心里留下了深深的烙印。在贵为苏丹之后，奥马尔仍不事奢华，而把大量的金钱用在兴建寺庙上。

他对儿子博尔基亚有很高的期望，希望他能够让国家富强，再不惧怕外来势力的侵略和凌辱。为此，1966年，博尔基亚奉父亲之命前往英国皇家桑赫斯特军事学院学习，第二年奉命回国。

这次回国后，苏丹出人意料地将王位传给年仅21岁的儿子。年轻的苏丹即位时，文莱还在英国"保护"之下。

异域王侯

文莱一景

在文莱第29世苏丹博尔基亚获得了王朝的继承权之后，幸运女神再次降临，他迎来了人生的第二次转机。这是人类有史以来最幸运的事，贫穷的伊斯兰君主的领地因此成为世界上最富有的国家之一。

皇家军骑士的乐园——桑赫斯特皇家军事学院

1929年，文莱首次发现了油田。但文莱苏丹真正进入超级富翁行列却是在20世纪70年代，因为当时的产油大国强行把油价抬高了14倍。现在的苏丹非常富有，他甚至可以不用再开采油田，沿海的天然气就能带给他每年20亿美元的收入。

博尔基亚一边着力培养本国人才，一边利用石油资源大力发展经济。在他的领导下，文莱于1984年完全独立，并发展成为今天政治稳定、经济繁荣的国家。

苏丹的个人资产达到了400亿美元。如果把这笔财富换成一瓶瓶上等香槟，足够绕地球排列4圈。他的皇宫伊斯坦那·努锐儿·伊曼是当今世界上最大的皇家宫殿，它的实际建造费远远超过了2.5亿美元的预算。豪华的装修和巨大的规模象征着黑色黄金所带来的财富和权势。

苏丹在国外购置了不少价值几千万美元的酒店和商场。他还在澳大利亚买下一块面积比文莱本土面积还要大3倍的牧场。

苏丹性格文静，但非常喜欢体育运动，还爱好驾驶飞机和收集赛车。他的飞机豪华得令人吃惊。2003年年底，东盟成员国在日本东京举行峰会，苏丹亲自驾驶自己的波音飞机赴会，让人惊讶不已。他还参加了国际羽毛球联合会主席的竞选，他确实是一位精力充沛的领导人。

2004年年初，他访问英国，在随从的簇拥下来到劳斯莱斯汽车厂参观。看中某款车型后，他旋即指示手下订购了一打。

文莱苏丹确实很富有。

文莱苏丹的富有从皇宫的规模便可见一斑。文莱的皇宫是世界上最大的皇宫，皇宫里有1700多个房间，光宴会厅就能容纳4000位客人。

走进科学的殿堂

皇宫内的清真寺金碧辉煌，圆形的屋顶上贴附着 45 公斤金箔，被当地华人昵称为"金葱头"。皇宫内还设有游泳池、网球场、马球场、直升

文莱皇宫

好莱坞贝弗利山饭店

皇家军骑士的乐园——桑赫斯特皇家军事学院

飞机场和占地300英亩的御花园。用大理石铺就的停车库里可同时停放800辆汽车，装有空调的马厩里可容纳400匹良种骏马。

这些年来，文莱苏丹在国外购置了许多物业，像价值6000万美元的好莱坞贝弗利山饭店、价值7500万美元的伦敦多切斯特饭店等都是他的资产。

收集名车是文莱苏丹的一大嗜好。他拥有一支由200辆劳斯莱斯轿车组成的车队，是世界上拥有劳斯莱斯轿车最多的人。文莱苏丹和他的家族共拥有近3000辆车，其中不乏法拉利、保时捷这样的名牌跑车，还有大量机械师专门为这些名车定期保养。此外，文莱苏丹还拥有一艘大型豪华游艇、一架波音727客机，以及20多架私人飞机。

他和他的家族共总拥有近3000辆车，总价值40亿美元。其中包括8辆麦克拉伦F1，无数特别定制的劳斯莱斯、宾利、法拉利、保时捷和奔驰，多个庞大的车库都有空调保持室内的温度和湿度，还有大量机械

劳斯莱斯　　　　　　　　　　宾利

师专门为这些名车服务，他们当中的部分人年薪高达21万美元，而且从不用交所得税。他经常批量购买同一型号的法拉利、劳斯莱斯，只因为要收集不同的车身和颜色。

走进科学的殿堂

法拉利 　　　　　　　　　　保时捷

据说很多世界名车的制造商都有一批专门为他服务的员工，但限于保密协议的约束他们大多对此闭口不谈。他的私人藏品中包括两部特制的劳斯莱斯敞篷车，各价值1700万美元。据说AMG有专门为苏丹造车的车间，更有传闻说，他从皮尼法利纳一次定购的15辆特制法拉利曾经同时在一次飞机事故中灰飞烟灭。

文莱苏丹一度是世界上最富有的人，但伴随着20世纪90年代末的亚洲金融危机与一系列投资的失误，他的财富在低谷时曾缩水到"只有"100亿美元。

枯燥的数字不能说明他的富有，举几个例子：苏丹的宫殿比梵蒂冈还要大，拥有1788个房间；他女儿18岁的时候得到的生日礼物是一架空中客车制造的喷气机，而他自己的专机能容纳400人。而在2004年初他在英国又一次定购了12辆特制的装备了防弹玻璃和车身装甲劳斯莱斯幻影，总价值500万英镑。

文莱苏丹结过两次婚，19岁时他奉父命娶了堂妹沙莱娜公主，后来又娶了空姐玛丽娅姆。

在文莱苏丹的10个子女当中，长子比拉王储是最受人关注的一位。他从小便受到父亲的悉心栽培，曾留学英国名校剑桥大学和牛津大学。

异域王侯

皇家军骑士的乐园——桑赫斯特皇家军事学院

为了使其成为合格的第30世苏丹，博尔基亚苏丹不允许比拉王储像其他王子那样驾驶名贵轿车，出入赌场。留学归来后，比拉王储先后在多个部门挂职见习，以增长从政经验，锻炼执政能力。

2004年9月，比拉王储在皇宫迎娶具有瑞士血统的17岁民女萨拉。这场庆典被称为当年的亚洲婚礼之最。2000多位王室成员和政界显要参加了这场耀眼的传统马来婚礼庆典。

苏丹虽生活奢华，但勤政亲民、治国有方。因为国家的富有，文莱实行高福利政策，国民教育、医疗全部免费，60岁以上的老人每月均可得到一笔养老费。

苏丹常亲自驾车到全国各地视察，督促政府部门的工作，所以深受老百姓的爱戴，而各级官员对他是又敬又畏。

文莱是君主制国家，苏丹不仅是宗教领袖、国家元首，还兼任首相、国防和财政大臣等职。全国唯一的大学——文莱大学的校长也由他亲自担任，可谓日理万机。博尔基亚身兼首相、国防大臣、财政大臣和文莱官方宗教伊斯兰教领袖等职，其他一些重要职务则分由其胞弟担任，如大弟穆罕默德·博尔基亚亲王出任外交大臣，另外一个弟弟杰弗里接任了苏丹财政大臣之职。

可惜杰弗里辜负了兄长的期望，他居然从国库里私吞了多达100多亿美元的财富，而这笔财富则是苏丹许诺援助给备受亚洲金融危机折磨的东南亚友邦的。拥有4名妻子及35名子女的杰弗里，多年来穷奢极欲，是全世界最著名的花花公子。

杰弗里在10年内花掉27亿2500万美元，购买了2000辆汽车、17架飞机、数艘游艇、大量的珠宝和10多幢华丽居所。他还偷偷地蓄养

了 40 多名妓女在宫殿里，并试图软禁关押美国小姐，强迫她成为自己的侍妾。

消息传出，文明世界一片哗然：这种年代了，居然还有这种小说里才发生的事情！虽然因为外交豁免权，这位亲王没有被判罪，但是文莱全国都感觉到大失国体。

亚洲金融危机时候，杰弗里债台高筑，宣布破产，同时他的贪污行为也被苏丹发现。不过机灵的他在事发之前仓促逃到了欧洲，不久又转赴美国。

焦头烂额的苏丹只好将杰弗里购置的 150 辆劳斯莱斯轿车和豪华游艇及飞机变卖抵债。这次出售的货品众多，总共要用 21 个货仓存储，货品目录长达 60 页，大型的货品有空中巴士飞机，另有大批小型的装饰品。拍卖公司的高级职员艾萨克说："我们预计所有货品将会全部卖出，一件不留。"另一名职员说："以货品种类来说，这次可能是全球最大型的拍卖会。"

一位慕名到场参观的文莱的士司机看到一大堆镀金的浴室用品后说："这些东西太贵了，太浪费了，令文莱丢脸。这次拍卖会令文莱人十分愤怒，我们的财富原来是这样被挥霍掉的。" 30 余万苏丹的臣民也为杰弗里所累，不得不紧缩开支。

按照伊斯兰教的法律，男子可以娶 4 个妻子，但是苏丹本人却只有一名王后和一名王妃。

早在 1965 年 7 月，19 岁的博尔基亚奉父命与 16 岁的堂妹玛斯娜公主结婚。20 世纪 70 年代，博尔基亚遨游四海，千金散处，尽着风流。他的身旁常常燕语莺声，佳丽如云。正是在这种情况下，博尔基亚结识

皇家军骑士的乐园——桑赫斯特皇家军事学院

了文莱王家航空公司的空姐玛丽亚姆，不久便与之秘密同居。

1981年10月28日，二人秘密成婚，一年之后政府才发布公报，正式宣布苏丹有了王妃。因为深得苏丹的宠爱，玛丽亚姆王妃虽然出身低微，但其地位丝毫不逊于王后。在文莱的各大机关和公共场所，王妃的画像与苏丹和王后的画像总是并排悬挂；在所有正式场合，王妃与王后都伴随在苏丹的左右。二人各享受一座庞大、豪华的宫殿。因玛丽亚姆王妃兼有1/4的日本血统，因此，其王宫的建筑风格为日式和欧式的统一体。

文莱有今日的富庶，一半是靠丰富的石油资源，一半是靠精力充沛的"超人苏丹"。和所有的王室和富商一样，苏丹面临着培养继承人的问题。这关系到家族的前途，对于一个君主专制国家来说，也被称呼为"国运"。

麦加圣地

走进科学的殿堂

王储拉比从小便受到父亲的悉心栽培,曾随同亲属艰难跋涉到沙特的麦加圣地朝觐。他14岁时便通读了《古兰经》及其他伊斯兰教经典,1991年赴剑桥大学深造,1995年转赴牛津大学学习。为了使其成为合格的第30世苏丹,博尔基亚苏丹不允许比拉王储像其他王子那样驾驶名贵轿车,出入赌场。

他和父亲一样热爱运动。在牛津学习期间,比拉王储酷爱打台球,为了参加国际司诺克台球比赛,他经常化名奥马尔·哈桑报名参赛。

留学归来后,比拉王储迅速在文莱政坛显露头角。他先后在数个部门挂职见习,以增长从政经验,锻炼执政能力。但目前还没有迹象显示,博尔基亚苏丹会像其先王那样主动禅位,因此比拉王储何日才能君临天下,仍是未知数……不过有一点可以肯定,新苏丹即位的日子,全世界将出现最大数额的一笔财产继承事件,而且是完全免税的。

文莱苏丹到底有多少钱?美国财经界估计是500亿,在亚洲是绝对的首富,但是和英国女王相比,他是第二富有的国王。

但是英国国库不受女王支配,女王只是英国的象征领导,而文莱的一切,都是苏丹占有的。

文莱政府早就认识到,石油、天然气是一种非再生资源,单纯依靠石油、天然气,则经济繁荣难以持久。

从独立之日起,苏丹就着手谋划经济的可持续发展,制定了以经济多元化为目标的发展战略。为了延长资源的开发期,文莱政府和石油天然气公司采取了限产措施。原油日产量在1975年曾创下27万桶的最高记录,近些年则限制在18万桶左右。

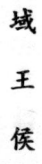

皇家军骑士的乐园——桑赫斯特皇家军事学院

据估计，这个国家的石油和天然气资源还可开采30至40年。那么，数十年之后的苏丹还能如博尔基亚陛下一样幸运，依靠地下的黑色黄金富甲天下，为世人所欣羡吗？

文莱苏丹曾于1993年11月访问中国，1999年8月对中国进行工作访问。2001年5月，他在参加完亚太经合组织人力资源能力建设高峰会议后访问深圳。2001年10月到中国参加亚太经合组织第9次领导人非正式会议。2004年9月对中国进行工作访问。

2001年5月苏丹参加亚太经合组织人力资源能力建设高峰会议合影

走进科学的殿堂

卢森堡亨利成长历程

异域王侯

卢森堡大公亨利于1955年4月16日出生于贝茨多夫堡,是卢森堡第五任大公让的长子,18岁时他被封为卢森堡大公的法定继承人。亨利在卢森堡迪基希区与普通平民的孩子一样在公立学校读书。1974年中学毕业后,他像父亲那样去了英国,在桑赫斯特皇家军事学院进修军事课程,并成为一名军官。

提到卢森堡,我们不禁想起它尘封已久的王国历史。

卢森堡宪法规定,大公为国家元首、武装部队统帅,拥有立法权和行政权。实际上,议会行使立法权,政府行使行政权。

小毛奇将军在卢森堡铩羽而归,玛丽·阿黛拉伊德女大

卢森堡亨利

皇家军骑士的乐园——桑赫斯特皇家军事学院

公则因在战争中接待过德皇和德国政府的外交部长而备受政敌和百姓的指摘。饱含屈辱的玛丽·阿黛拉伊德被迫于1919年让位给妹妹夏洛特，时年仅23岁。此后不久，玛丽·阿黛拉伊德悄然离家，隐入修道院戴起了面纱，在青灯黄卷的相伴下度过了余生。1924年，深受穷人爱戴的玛丽·阿黛拉伊德修女在孤寂中与世长辞……

1921年1月5日，女大公夏洛特和波旁·帕尔马王朝王子费利克斯喜得麒麟：他们的长子、卢森堡王子让诞生在卢森堡的贝尔格宫中。让在卢森堡读完小学后，又前往英格兰安普尔福斯深造。在那里，他培养了对体育的爱好，唤醒了对考古的兴趣。接着，他又从英国皇家军事学院英军军官训练班毕业。1939年1月5日，18岁的王子正式成为亲王。

一战之后的卢森堡依旧维持着脆弱的中立地位。但是，旧日的噩梦还没有从人们的记忆中消失，纳粹的金戈铁马又无情地惊破了卢森堡恬静的夜晚。

贝尔格宫

1940年的5月9日至10日的夜间，大批德国机械化部队和空降部队以排山倒海之势侵入卢森堡。女大公一家和政府成员于黎明前的黑暗时刻匆匆撤入法国，后又辗转经西班牙、葡萄牙到达英国，去寻求盟国的庇护。在第二次世界大战中，

异域王侯

走进科学的殿堂

沦陷的卢森堡人民以各种形式对占领当局进行了反抗。许多青壮年男子因此被处决或被送往东部前线充当炮灰。

拉瓦尔大学

在二战中，罗斯福总统把让接到美国，以避战乱。让他先在美国，后又在加拿大魁北克的拉瓦尔大学学习法学和政治学。二战后期，让投笔从戎，加入伦敦爱尔兰近卫军的行列，成为这支享有卓著声誉的精锐部队的一员。1944年9月10日，让和父亲费利克斯王子与盟军一起打回老家，卢森堡万人空巷，欢迎大公一家的凯旋。

第二次世界大战后的1946年6月26日，卢森堡签署了联合国宪章；1948年彻底放弃了名存实亡的中立，一年后加入北约；1951年成为欧洲煤钢联营成员；后来还成为欧共体的创始成员国之一。

皇家军骑士的乐园——桑赫斯特皇家军事学院

1964年11月12日,统治卢森堡达45年之久的女大公夏洛特逊位,让继任大公,同日成为卢森堡军队总监。虽然卢森堡的宪法规定,大公可以全权处理国务,但实际上卢森堡与其他君主立宪制国家一样,大公只是名义上的国家元首,国家的实际权力掌握在以首相为首的政府手中。因此,让相对拥有了充裕的时间去从事其他事情。

大公让以其对自然保护的巨大热忱而闻名于世。森林占去了卢森堡国土的30%,大公经常为自己的国家感到自豪。他经常说:"为建立理想的家园,我们必须保护我们的村庄、我们的森林、我们的城市和我们的风景。"大公让对体育的兴趣也很浓厚,他是国际奥委会成员,还资

迈阿密大学一景

助杰出的体育人才。他既是一名经验丰富的滑雪好手,也是一名滑水健将,还经常去狩猎、钓鱼。除此之外,大公让还是一名优秀的摄影师。

他喜欢阅读、听古典音乐。大公让得到过许多荣誉，如他是斯特拉斯堡和迈阿密大学的名誉博士。1972年在对英国进行国事访问时，英国女王授予他骑士嘉德勋章。

1953年4月5日，大公让与小自己6岁的比利时公主约瑟芬·夏洛特在卢森堡大教堂内结婚。这对夫妇生了5个孩子：长女玛丽·阿丝特里德公主（1954年），王位继承人、王子亨利（1955年），双胞胎王子让和公主玛格丽特（1957年）和最小的王子纪尧姆（1963年）。大公一家在贝茨多夫宫生活了12年，1964年女大公夏洛特逊位后方搬入卢森堡大公的府邸贝尔格宫。

尼泊尔一景

大公夫妇非常注意把私人生活与国务分开。大公在卢森堡宫内接待来访的国宾，在那里也接受每日的谒见。而在贝尔格宫中则洋溢着和

皇家军骑士的乐园——桑赫斯特皇家军事学院

谐、温暖的家庭生活氛围。大公夫妇很重视对孩子们的言传身教，他们经常偕家出游、采摘蘑菇等野味。周末空闲时，全家驱车去郊外，他们一家人在格伦格森林的脚下有一间狩猎用的猎舍。

大公让与首相和内阁成员、银行家、企业家、科学家及各行各业的行业协会成员都保持密切接触。他相信，作为国家元首，只有时常听到他的百姓的声音，才能更好地决策。大公把自己和家庭都摆在为百姓服务的位置。长子和亲王亨利是议会议员和政府经济发展委员会主席，他积极致力于卢森堡工业发展。长女玛丽·阿丝特里德公主是名护士，特别在热带医学方面深造过。她与丈夫、哈布斯堡－洛林家族的查理·克

日内瓦大学

里斯蒂安大公爵育有5个孩子，查理·克里斯蒂安在日内瓦银行工作。二女儿玛格丽特公主与列支敦士登王子尼科劳斯结婚。这位王子在瑞士

走进科学的殿堂

任外交官。这一家有3个孩子，都住在瑞士首都伯尔尼。大公的次子、王子让在瑞士、美国和法国留过学。1986年以来，他一直在一家国际专业咨询公司工作。幼子纪尧姆在美国的几家大学读过书，在欧盟工作，他也已于1994年9月8日结婚。大公的几个孩子都已长大成人，建立了自己的家庭，除亨利一家外，其余都已远离父母。

1974年他来到了桑赫斯特皇家军事学院进修军事课程，并成为一名军官。后来，亨利还在卢森堡、法国和瑞士读书，毕业于日内瓦大学，获日内瓦大学政治学硕士学位。毕业后，亨利历任卢森堡国务委员会委员、经济发展委员会主席、联合国儿童基金会卢森堡分会名誉主席和卢森堡残疾人体育协会名誉主席等职。1998年3月他被任命为摄政代表，代行大公部分职权。

圣母大教堂

在日内瓦研读政治学期间，亨利认识了他生命中的至爱：玛利亚·

特蕾莎·梅丝特蕾。这个流亡的古巴女孩在做作业时经常得到王子的帮助，并占据了这位卢森堡王位继承人的心。但这位窈窕的美女却一点儿也不知道经常帮助她的这个男孩是什么人，因为亲王在日内瓦用的是化名"亨利·德·克莱劳克斯"。直到肯定他们将永世相守的时候，亨利才向未婚妻说明自己的身份。玛利亚·特蕾莎出身于一个有名望的家族，父亲是位银行家，早在菲德尔·卡斯特罗上台之前3年就带着她到了美国，后来她在西班牙和瑞士受过教育。玛利亚·特蕾莎能流利地说英语、法语、德语和意大利语。

1981年2月14日，这对爱侣在圣母大教堂举行了婚礼，整个卢森堡都在为他们欢呼。9个月后，他们的第一个孩子小纪尧姆诞生。之后父母又为小纪尧姆增添了4个弟妹。亨利全家住在费施巴赫宫，这是大公让送给他们的结婚礼物。

大公让夫妇和亲王夫妇相处和睦。大公夫人夏洛特经常和玛利亚·特蕾莎一起商量出席正式场合时的着装打扮。当玛利亚·特蕾莎陪伴亨利外出旅行时，爷爷、奶奶就高高兴兴地在家照顾孙子和孙女。为了尽享饴孙之乐，大公让于1999年12月25日正式宣布，将于2000年让位给亨利。2000年10月7日，卢森堡大公国大公储亨利正式宣誓即位，成为卢森堡大公国第六任大公，是当时欧洲君主制国家中最年轻的在位君王。亨利学识广博，通晓英、法、德语，酷爱体育运动，喜欢滑雪、游泳、驾驶帆船和打猎，对经济和金融颇有研究，对文学和音乐也有浓厚的兴趣。

生活如此匆匆，卢森堡已在安详之中走过了战后半个多世纪的流金岁月。卢森堡的王室和百姓也早已习惯了这种安详和宁静，恐怕只有匆匆来去的过客，才偶尔生出睹物感怀的闲情，忆起它业已退色的昨日辉煌。

走进科学的殿堂

约旦少年国王侯赛因

异域王侯

约旦国王侯赛因生于1935年11月14日。按照约旦的宪法，国王要满18岁方能加冕，行使王权。

约旦国王侯赛因

1952年，侯赛因离18岁还有一年多的时间。侯赛因在此期间，进入英国桑赫斯特皇家军事学院学习，他在军校生活时发生了一些轶事。

英国桑赫斯特皇家军事学院里的那些英国学员们，年轻人好恶作剧的天性终于在这所纪律十分森严的学院里被悄悄释放了出来。

皇家军骑士的乐园——桑赫斯特皇家军事学院

一天早晨,侯赛因正欲骑自行车赶去听一个十分重要的军事讲座,却发现自己的车胎被人放了气。在学院里,为了行动方便,学员们都备有单车。而侯赛因则除了这辆自行车外还拥有一辆摩托。可此时,车胎没气,摩托正巧又不在身边。侯赛因情急之下,只得拔腿飞奔去那个讲堂。但结果依然迟到了,讲课的教官投来令人十分难堪的目光。

怀有阿拉伯人强烈荣誉感的年轻好强的侯赛因,无法忍受这样的委屈,他决心找出肇事者,好好教训他一番。讲课结束,他努力搜索着各种蛛丝马迹,却一无所获。他无意去向主管纪律十分严厉的军士长洛德先生告状,决心自己来执行惩罚,他想出了一个孩子式的报复计划。

当天夜里,学员们全已沉入梦乡。侯赛因悄悄起床,不顾冰冷的地面,光着脚溜出营房,钻进了车棚。他先把自己的自行车放到一边,然后一个个拧开其他学员的自行车气门芯,一口气放瘪了十几辆车胎。听着那轻微的咝咝声,他心中方感到出了口怨气。

"即使怀疑是我干的,也抓不着任何把柄。且看他们将如何动作!"

想象着第二天一个个学员无法骑车的狼狈相,侯赛因得意地笑了。重新钻进被窝后竟睡得分外香甜。

这些毕竟都是年轻人的恶作剧,侯赛因正直、善良,再没有把这些事放在心上。而他在另外一个事件上所表现出的热爱同伴大公无私的精神,却深深打动了他的全体学友,连院长及所有教官也都为他伸出大拇指,赞不绝口。

一个星期五的晚上,侯赛因有事外出。不知哪个学员有意无意地弄

走进科学的殿堂

响了火警装置。学院里警铃震响，乱成一片。不多久，消防车载着全副武装的消防队员，呼啸着开进了校园，一阵忙乱，却并未发现有任何火源。正常的秩序完全被打破了，这是这所全英闻名的军事学院从未发生过的重大事故。

院方当然要追查肇事者，但直至星期六下午，也没人主动出来承认。院长当即宣布，星期日取消休假，所有人员，包括事件发生时并不在校的人员，一律都不准外出，以便继续追查。

为一个人可能是无意中的失误，却殃及了全体。侯赛因决定把事情揽到自己的身上，以解脱大部分当时并不在校的同伴。

"那件事是我干的，是我触动了警报器。"他大声地向院长承认道。

"你当时并不在学校啊！"

"可当时还有很多学员都不在学院，您却决定要处罚所有的人！"侯赛因申辩道。

院长一下便明白了，立即宣布对当时不在学院的人取消禁令。侯赛因一下变成了学员心目中的英雄！

1952年8月11日，年将17岁的王储侯赛因这天被约旦议会任命接替他的患精神病的父亲塔利亚尔担任约旦国王。国王卸任之前，有医学报告说明一直在瑞士医院接受治疗的41岁的君王恢复正常的可能性几乎不存在。仅在约旦更换国王事件的两周多一点的时间前，另一个阿拉伯的领袖、埃及国王法鲁克在一次清除政府腐败的运动中被一些军官驱除出境。

侯赛因曾经说过这样一句话"人生的目标不是生存本身，而是为该地区生活在和平与安定之中的子孙后代所缅怀。"

皇家军骑士的乐园——桑赫斯特皇家军事学院

半个多世纪以来，中东地区风云变幻、动荡不安，各国政权不断更迭，约旦国王侯赛因却能脱颖而出，在大国争夺和各国势力的夹缝中求得了生存和发展，从1953年执政以来，成为中东阿拉伯国家执政时间最长的君主。

侯赛因在执政的46年里，历经多次战争和一系列暗杀、政变事件，但他临危不惧，每次都化险为夷、死里逃生。1951年7月，不满16岁的侯赛因随其祖父阿卜杜拉国王去耶路撒冷阿克萨清真寺做礼拜。他们在经过大门时遭到刺杀，刺客向他们开枪扫射，祖父阿卜杜拉倒在血泊之中，而侯赛因却安然无恙，刺客的一枚子弹击中了他胸前的勋章。

1957年，在纳布勒西废除约英财政条约并与埃及、叙利亚和沙特阿拉伯签订一项公约之后，他解散纳布勒西内阁，并宣布实行军事管制。在美国帮助下，他不断扩充军队，并使其现代化。侯赛因戎马一

以色列风光

生，参加了数次中东战争。1967年6月以色列在阿以战争中战胜阿拉伯国家，侯赛因为恢复被以色列占领的土地进行了长期努力。

在1967年的第三次中东战争期间，约旦国王侯赛因乘着吉普车，身先士卒，奋勇冲锋。第三次中东战争以前，约旦对巴解组织是支持的，不仅提供资金，还在约旦境内为巴解组织设置训练基地。第三次中东战争后，约旦国王侯赛因看到以色列压倒性的军事力量，害怕巴解组织的活动造成以色列入侵约旦的借口，开始限制约旦境内巴解组织的活动，并请巴解组织自重。但巴解组织并不理会侯赛因国王的劝告，他们不仅在约旦与以色列的边界附近展开游击战，而且还在国际上频繁制造

约旦风光

恐怖主义活动，1970年，巴解组织劫持了四架西方客机到约旦着陆。在此情况下，侯赛因国王决定动用武力把巴解组织驱逐出境。1970年9月，约旦军队向境内的巴解组织发起进攻，将巴解组织赶出了约旦。巴

解组织被逐出约旦后，将活动基地转移到黎巴嫩。

1967年6月5日早晨7时45分，以色列出动了几乎全部空军，对埃及、叙利亚和伊拉克的一切机场进行了闪电式的袭击。空袭半小时后，以色列地面部队也发动了进攻，阿拉伯国家开始奋力抵抗。至十日战争结束，阿拉伯国家失败。这就是第三次中东战争，也称"六五战争"或"六天战争"。

巴勒斯坦解放组织成立后，成为以色列的心腹之患。1964年5月28日至6月4日，巴勒斯坦各界代表在阿拉伯联盟的支持下，在耶路撒冷东城区举行了第一次巴勒斯坦国民大会，确定组成巴勒斯坦解放组织

耶路撒冷风光

执行委员会，建立了巴勒斯坦武装力量"法塔赫"。从此，法塔赫为了把以色列赶出巴勒斯坦，不断地袭击以色列，这支力量在"六五"战

走进科学的殿堂

争前已初具规模，对以色列构成了威胁。所以，削弱阿拉伯联盟的力量，消灭巴勒斯坦解放组织，成为以色列发动第三次中东战争的重要原因。

1967年6月5日，以色列出动了全部空军，对埃及、叙利亚和约旦等阿拉伯国家发动了大规模的突然袭击。这是一个星期一的早晨，当开罗时钟的指针指向8点45分的时候（以色列时间7点45分），尼罗河三角洲和苏伊士运河上空云雾刚刚消失。埃及空军基地里，一切像往常一样，军官们正在上班途

尼罗河三角洲

苏伊士运河

异域王侯

皇家军骑士的乐园——桑赫斯特皇家军事学院

中，许多雷达值班室正在进行交接班。突然，空中响声四起，以军飞机闪电般袭来，打得埃及空军措手不及，大批飞机还未起飞，就被摧毁在地面。

　　在六天的战争中，埃及、约旦、叙利亚三个阿拉伯国家遭受严重损失，伤亡和被俘达6万余人，而以色列仅死亡983人。通过这次战争，以色列占领了加沙地带和埃及的西奈半岛，约旦河西岸，耶路撒冷旧城和叙利亚的戈兰高地共6.5万平方公里的土地，战争中有100万阿拉伯人和巴勒斯坦人逃离家园，沦为难民。

埃及西奈半岛

　　1970年9月，侯赛因命令约军向驻扎在约旦的巴勒斯坦民族解放运动主力发动突袭，巴解几乎全军覆没，这就是著名的"黑九月事件"。虽然大部分阿拉伯国家因此与约旦断交，约旦却因而避免了使本

走进科学的殿堂

国领土成为巴以交火战场的可能性。

在经过多次战争后,侯赛因认识到阿以争端不能靠战争来解决,便主张通过谈判来解决中东问题。1988年7月,他以非凡的领导魄力宣布废除约旦河西岸发展经济的5年计划,明确宣布从法律上和行政上把约旦河东、西两岸关系分离开来,为巴勒斯坦解放组织同以色列进行和平会谈敞开了大门。

1994年5月4日,巴勒斯坦和以色列关于实施加沙—杰里科自治原则宣言的执行协议在开罗正式签署以后,约旦和以色列关系随之缓和。7月25日,侯赛因与以色列总理拉宾签署《华盛顿宣言》,约以正式媾和。10月26日,约旦同以色列正式签署和平条约,11月27日约旦和以色列宣布建交,正式结束了长达46年的战争和敌对状。

异域王侯

以色列总理拉宾

在侯赛因的统治下,约旦国民经济缓慢增长。他一直依靠西方国家的财政援助。由于该国人民对他的王朝不满,他拼命扩充军队,使王室的势力压倒议会的权威。兵员的征召和军官的晋级,都以效忠国王为主要标准。埃及总统纳赛尔经常攻击他的保守社会政策和与西方强国结盟的政策。国内反对他的浪潮日益增长。由于政局不稳,他未能参加巴格达

条约，又不得不解除阿拉伯军团总司令格拉布将军的职务。由于受到进一步的压力，他批准在1956年10月举行自由选举，并且让反对他的纳布勒西组成联合政府。

侯赛因是一个很有个性的人，在他身上还发生了很多的逸事趣闻。

侯赛因国王曾亲自驾机访问中国。1983年9月，侯赛因国王和努尔王后访华。那是一个秋高气爽、风和日丽的下午，北京机场做好了迎接侯赛因国王和努尔王后座机降落的一切准备工作。一会儿，国王的座机沿着机场跑道滑行过来。人们发现，坐在驾驶舱内握着操纵杆的飞行员不是别人，正是电视上和报纸杂志上经常见到的那张熟悉的面孔。"快看，是侯赛因国王亲自驾驶飞机！"人们惊奇地喊道。

埃及总统纳赛尔

在侯赛因国王访华的日子里，人们有机会听到他谈论飞行。他不仅喜欢驾机，而且喜欢欣赏经验丰富的飞行员的实际操作。在从北京到外地参观访问途中，侯赛因国王曾多次走进专机驾驶舱，坐在飞行员身旁，一边观看操作，一边同机组人员亲切交谈。侯赛因国王对飞机性能

走进科学的殿堂

和飞行技术都非常内行,且又平易近人,所以大家都不感到拘束。侯赛因国王是怎样成为一位技术高超的业余飞行员的呢?

1952年,年仅17岁的侯赛因接替患病的父王,就任约旦哈希姆王国国王。同年9月,侯赛因乘坐指挥约旦空军的空军中校费希尔驾驶的飞机到耶路撒冷去视察部队。在归途中,侯赛因产生了驾驶飞机的念头,他向费希尔中校提了许多关于驾机飞行的问题,并提出要亲自试开一下。两天以后,当费希尔送侯赛因去马弗拉克的时候,侯赛因再次提出与他一起驾驶飞机。这一秘密传到侯赛因母亲泽扬太后那里,泽扬太后及其他一些王室要员公开表示,反对侯赛因学习开飞机。侯赛因不甘屈服,顶住来自家庭、王宫和政府的压力,发誓要学飞机。最后,他的家庭总算勉强同意了他的要求,但他们坚持绝对不许他单独飞行。

1953年5月2日,侯赛因刚到法定年龄,便举行了登基仪式,正式行使国王的权力。同年6月23日,他便开始上第一次飞行课。在整整一个小时的课程中,教练带着侯赛因做了奥斯特式飞机能做到的各种盘旋、转弯、翻跟头等高难度动作。课程结束时,侯赛因感到头晕脑胀,反应十分强烈,踉踉跄跄地走下飞机。在这种情况下,他表现出顽强好胜的性格和拼搏精神。那年夏天,侯赛因在炎炎烈日下每周学习飞行技术多达5天,有时甚至6天。由于他训练刻苦,一个月后,他不仅熟悉了飞机上的仪表设备,而且掌握了飞行技术。他想单独飞行,但遭到拒绝。不久,侯赛因终于找到了单独飞行的机会。一天,他看到机场发生事故,机场人员都忙于调查和处理那一事故,他趁乱悄然爬上他的鸽式飞机,发动了引擎,向跑道尽头滑去,直刺蓝天。这时,机场上所有人

皇家军骑士的乐园——桑赫斯特皇家军事学院

员都吓得惊慌失措，纷纷跑到指挥塔上，眼巴巴地望着他在空中飞行。从那以后，侯赛因获得单独飞行权。后来，侯赛因学会了驾驶喷气机。1958年，他又学会了驾驶直升机。

侯赛因国王执意学习飞行一个重要的原因是，他怀有填补约旦航空"真空"强烈的责任感。他继位时，约旦既无自己的空军，又无自己的民航事业。这种状况使他忧心忡忡。他强烈意识到，对于处在中东战略要地的约旦来说，建立一支拥有实力的强大空军实在太重要了。那时他认为，约旦之所以不能有效地保卫自己的领土，就是因为没有一支自己的空军。在祖国遭受袭击的情况下，总是依靠外国空军的援助，不是明智之举。同时，他意识到，对于约旦这样一个独立国家来说，开创、发展自己的民航事业也是必不可少的。侯赛因国王执意学习飞行的另外一个原因是，他希望以自己选择的方式从事国王的职务，过一种自己爱好的生活。他作为一国之君主，日理万机，工作十分繁忙。有时候，他觉得有些工作太单调乏味。他迫切希望从现实的世界中超脱出来，哪怕一小时也好。于是，飞行就成了他实现这个目标的最佳手段。对他来说，在万里长空驾机飞行是一种很好的运动，也是一种独特的休息和享受。他说："每当我乘上飞机，总要长长地出一口气，感谢真主，在这时我才成为自己命运的主人。高高地在天空飞行，这对我来说，就意味着一种自由。"

在侯赛因国王的同意和鼓励下，他的长子阿卜杜拉亲王也成为一名驾机和跳伞能手。他的次子费萨尔亲王毕业于英国皇家军事学院，攻读的主要科目是军事飞行。回约旦后，他在约旦空军任中尉

走进科学的殿堂

飞行员。国王的女儿阿依莎公主开始拜哥哥阿卜杜拉为教练,1985年穿上军装,成为约旦第一位女兵。这位金发碧眼的窈窕淑女经过艰苦训练后,也成功地飞上了蓝天。她不仅学会驾驶飞机,还学会跳伞。她是约旦有史以来第一位跳伞姑娘,还曾获得金翼降落伞奖章。努尔王后受她父亲的影响,本来就熟悉飞行。因此,人们都说,侯赛因国王一家可誉为飞行世家。

侯赛因国王一生中经历过无数次风险,人们称他是个大难不死的传奇式人物。

1951年7月20日,年仅16岁的侯赛因亲王身着军装,佩带胸章,陪同他祖父阿卜杜拉前往耶路撒冷。那天正值星期五,是穆斯林做礼拜的日子。

耶路撒冷有很多清真寺,其中最著名的是被誉为伊斯兰世界第三

阿克萨清真寺

皇家军骑士的乐园——桑赫斯特皇家军事学院

大清真寺的阿克萨清真寺。中午时分，阿卜杜拉国王一行来到这里进行聚礼活动。当时，中东地区正处于动乱之中，约旦河西岸的政治形势也相当紧张。为避免出现不测事件，随行的文武官员曾进谏，劝阿卜杜拉国王放弃这次活动。阿卜杜拉国王引用了一句古老的阿拉伯谚语："生死有命，在劫难逃"。国王坚持自己的决定，继续朝阿克萨清真寺走去。王宫警卫人员为保证国王的安全，作了特殊安排。他们把国王紧紧围住，不让任何陌生人靠近。阿卜杜拉国王不喜欢那么多卫兵围住他，命令警卫人员后退几步，他自己率先进入阿克萨清真寺大门。谁知阿卜杜拉国王刚步入清真寺，门后便闯出一个年轻人。这个年轻人手持左轮手枪，把阿卜杜拉国王击倒在地。这位老国王倒在血泊中，停止了呼吸。当时在场的人都被这突如其来的事件惊呆了，一时不知所措。这时，人们只见侯赛因挺身而出，向转身逃跑的凶手猛扑过去，王宫警卫人员随之也赶上来。凶手见无路可逃，便突然转过身来，与侯赛因对面而视，手里的左轮手枪对准侯赛因胸部。侯赛因来不及防范，只微微闪了一下。凶手向侯赛因开枪，子弹不偏不倚，正打在侯赛因佩带的那枚胸章上。子弹斜着打上去，立即弹掉了。侯赛因向后摇晃了一下，很快恢复镇定，他安然无恙。他看到，那名凶手已被王宫警卫击毙。

侯赛因17岁成为约旦国王，他一直住在巴斯曼宫。宫里养着一些猫，侯赛因国王很喜欢这些猫，吩咐宫中的厨师把猫喂饱养好。一天，侯赛因在宫中花园里散步，突然发现有3只猫一动不动地躺在那里。起初，他还以为这些猫饿了才躺在这里，但后来发现，这是3只死猫。他感到此事可疑，便亲自调查。宫中几位厨师和警卫人员向他报告说，他

走进科学的殿堂

们在前两天就已经发现过十几只死猫。侯赛因听后大为惊讶。接着，他又进一步调查，终于查了个水落石出。原来宫中有个厨师被人用重金收买，要用毒药害死国王及其全家。但这位厨师缺乏作案经验，不能确定放多少毒药才能药死国王及其家人。于是，他便先在猫身上作试验。事发后，这位厨师被捕入狱。过了些时候，侯赛因国王做完礼拜从清真寺出来，看到一个手持古兰经的小姑娘。这位小姑娘就是那位厨师的女儿，她请求侯赛因国王能赦免她的父亲。侯赛因国王大发慈悲，立即下令释放这位厨师。

1958年11月10日，侯赛因乘国王专机前往欧洲度假。那天早晨8时左右，他亲自驾驶一架双引擎飞机飞上蓝天，而让专机驾驶员杰克坐在他的身边。他们起飞前，约旦方面按惯例与国王专机要飞越的国家进行了联系，并取得了这些国家的许可。但当侯赛因国王的座机飞越某一国上空时，这个周边国家当时却出动两架战斗机追踪迫降。为了能够安全返回约旦，侯赛因国王和飞行员杰克使出所有招数，与这两架战斗机进行周旋。

侯赛因国王后来回忆这一情景时说，他们用那架老式飞机做了各种惊险动作。他们有时以最高速度飞行，有时超低空飞行，经受了奇迹般的考验。为了躲避那两架战斗机的袭击，他与飞行员不择方向飞行。在飞行过程中，他们遇到过最大险情。侯赛因国王回忆说，他们在返回约旦途中，几乎在接近零的高度飞行，险些触到地面。在那紧张时刻，他和飞行员分别观察那两架战斗机，无暇注视前方。当他们把视线收回来时，猛然发现他们的飞机正朝着一个山丘笔直地飞去。国王与飞行员杰克同时握住驾驶盘，用力扭转航向，致使飞机震动起来。当飞机只差几

异域王侯

皇家军骑士的乐园——桑赫斯特皇家军事学院

米就要撞到山丘上的时候,他们终于幸运地改变了航线,避免了一场机毁人亡的悲剧。

1960年8月29日,约旦首相府被炸,首相马贾利和另外12名首相府工作人员被炸死。侯赛因国王获悉这一消息后,立即拿起手枪,驾驶汽车,向肇事地点驶去。中途,国王被国防大臣和武装部队总司令拦住了。他们力谏国王不要到肇事地点去,以免发生意外事件。这一建议被国王接受。果然,在第一次爆炸后不到一个小时,又发生了第二次大爆炸。这次爆炸破坏性更大,死伤的人员更多。事发后,侯赛因国王专门成立了事件调查委员会。调查的结果表明,肇事者事先进行了周密观察,作出了精心安排。凶手在首相府悄悄地安放了两颗爆炸力很强的定时炸弹。第一颗定时炸弹是针对马贾利首相的,安放第二颗定时炸弹是为了从肉体上消灭侯赛因国王。肇事者清楚地知道,根据侯赛因国王的性格和一贯做法,国王只要听到首相被炸死的消息,定会立即赶往肇事现场,亲自进行调查,并为首相处理后事。根据这一判断,肇事者认为,国王到首相府不久,第二颗炸弹便会爆炸,国王必死无疑。这样,肇事者便可达到既炸首相又炸国王一箭双雕的目的。但出乎肇事者意料的是,侯赛因国王在中途被拦住,并没有去肇事现场。侯赛因国王又一次死里逃生。

侯赛因虽出身于王室,而且是执政的阿卜杜拉国王的长孙,但因约旦当时经济困难,他父亲收入有限,家中人口又多,没钱给他买汽车。侯赛因是借别人的汽车学会驾驶技术的。直到后来,侯赛因在英国公学学习时,他父亲的朋友送给他一辆天蓝色的"卢浮"牌轿车,他才算有了自己的私人小汽车。他得到汽车后第一件事就是争取在英国领取驾

走进科学的殿堂

驶执照。他说,他作为一位有可能继承王位的王子,回安曼后根本不可能参加考试,因为没有一个人敢承担这种责任。根据哈罗公学的规定,私人用车不准停放在学校里,约旦驻英国大使特意为侯赛因就近找了一个车库。

侯赛因精力充沛,喜欢参加活动,希望亲自到基层接触各界人士,进行社会调查。他把视察部队或工程项目当作乐事。晚饭后,他经常伴着月光亲自驾车到部队驻地,与士兵们在漫漫黄沙中摸爬滚打,与士兵们一起在茫茫沙漠中巡逻。天亮时,他又亲自开车返回王宫,稍事休息后,开始工作。

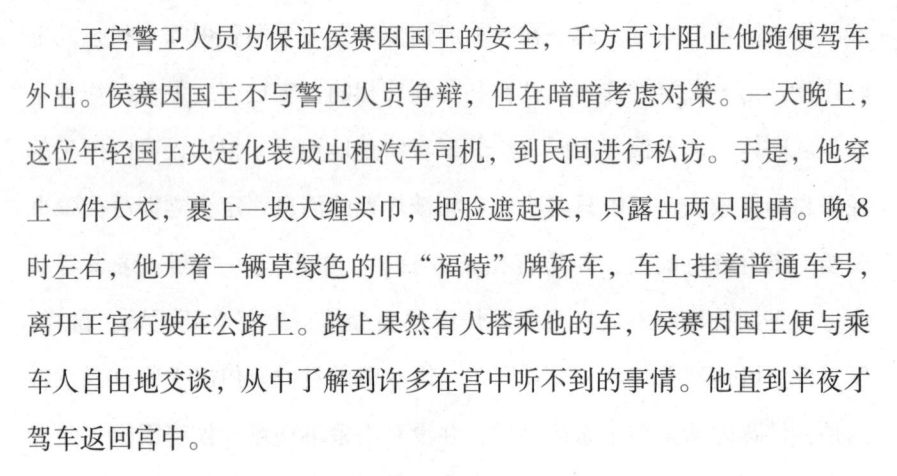

王宫警卫人员为保证侯赛因国王的安全,千方百计阻止他随便驾车外出。侯赛因国王不与警卫人员争辩,但在暗暗考虑对策。一天晚上,这位年轻国王决定化装成出租汽车司机,到民间进行私访。于是,他穿上一件大衣,裹上一块大缠头巾,把脸遮起来,只露出两只眼睛。晚8时左右,他开着一辆草绿色的旧"福特"牌轿车,车上挂着普通车号,离开王宫行驶在公路上。路上果然有人搭乘他的车,侯赛因国王便与乘车人自由地交谈,从中了解到许多在宫中听不到的事情。他直到半夜才驾车返回宫中。

还有一次,侯赛因国王决定秘密进行一次有关他本人声望的民意测验,他再次乔装成出租汽车司机驾车出宫。在汽车开往杰拉什的路上,侯赛因国王迅速发现一个贝都因人。双方讲好价钱后,这位乡下人便上了侯赛因国王的车。开始,国王与乘车人谈收成,论家常,后又故意将话题引到对国王的评价和看法上。国王问他:"人们经常谈论侯赛因国王,他到底是什么样的人?你如何看待他?

皇家军骑士的乐园——桑赫斯特皇家军事学院

他是个好国王吗?"那人说:"除真主外,他是我们的最高统帅。他保护我们,帮助我们。我们很热爱他。"侯赛因国王说:"我不能完全同意你的话。"那人听了怒火中烧,大声喊道:"你再敢对我们的国王说这种话,我就揍你,非打得你出血不可。"幸亏王宫的警卫人员及时赶到,才为国王解了围。为了答谢这位贝都因人的直言,侯赛因国王一直把他送到目的地。

一次,侯赛因国王亲自驾车,与采访他的作家弗雷东·萨希尔·杰姆易地而谈。在从巴斯曼宫到武装部队总司令部只有5公里之遥的公路上,国王的汽车因没有警卫前导车开路,有好几次被交通路口的红灯止住。这时,国王放慢车速,把汽车停下来。行人朝他鼓掌,负责维护交通秩序的警察举手向他致军礼。国王微笑着向他们点头致意。当他发现王宫警卫车追来时,他就加大车速,把王宫警卫车队远远甩在后面。

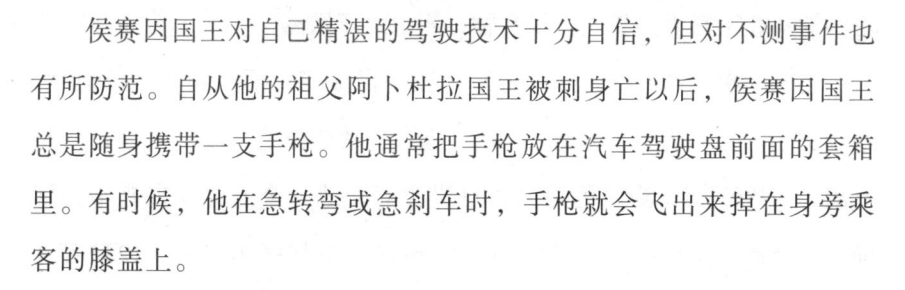

侯赛因国王对自己精湛的驾驶技术十分自信,但对不测事件也有所防范。自从他的祖父阿卜杜拉国王被刺身亡以后,侯赛因国王总是随身携带一支手枪。他通常把手枪放在汽车驾驶盘前面的套箱里。有时候,他在急转弯或急刹车时,手枪就会飞出来掉在身旁乘客的膝盖上。

侯赛因国王喜欢参加汽车比赛,尤其喜欢在崎岖不平的山路上开车、参加汽车拉力赛。约旦每年都举办一次汽车拉力赛,这种拉力赛多在安曼附近的山区举行。侯赛因国王几乎每年都参加这种拉力赛,而且曾多次获得第1名。1987年,年逾50的侯赛因国王与其长子阿卜杜拉亲王一道参加约旦全国汽车拉力赛。比赛仍选在弯弯曲曲的山

走进科学的殿堂

路上举行。赛前，不少军政要员和社会名流曾进谏：国王年事已高，最好不要参加此类赛车活动。爱车如命的国王自然不会接受这种建议。于是，进谏者又试图通过努尔王后劝说国王放弃这一活动。努尔王后对进谏者表示谢意，她不仅没有劝阻国王参加汽车拉力赛，而且亲自带着孩子赶到现场，组织起皇家家庭啦啦队，自任队长，为侯赛因国王父子加油助威。在这次比赛中，侯赛因国王老当益壮，再次获得汽车拉力赛第1名。阿卜杜拉亲王获得第3名。努尔王后负责发奖，她高兴地把奖杯发给侯赛因国王，并与丈夫、孩子们一起在发奖现场照了张全家福的照片。

1960年，侯赛因患了鼻炎，大夫让他用滴鼻剂治疗。一天，他打开一瓶新的药水，无意间，一滴药水掉入了漱洗盆，顿时盆里吱吱作响，药水落下的地方很快就出现了一个洞。原来有人拿走了他的滴鼻剂，给他留下一瓶硫酸。另一次，一个厨师把毒药掺入了食物，幸亏国王的随从让王宫里的猫先尝了食物，阴谋终于败露。

还有一次，当他得知一个将军企图阴谋政变，要推翻和暗杀他时，他干脆亲率将军访美，整整45天，把将军带在身边，同吃同住，寸步不离……1967年，当以色列向约旦进犯时，他一个人驾驶吉普车去到前线。当他的士兵们狼狈溃逃时，他却冒着枪林弹雨前进。1972年1月，当以色列越过锡法边界，用50辆坦克发动进攻时，侯赛因赶到那里，在现场指挥战斗。

对于上述出自一国之王的惊险事例，也曾使有些西方人担心起侯赛因的生命："您不害怕被打死吗？"他答道："不害怕，我连想都没有想过。我敢发誓。"

皇家军骑士的乐园——桑赫斯特皇家军事学院

约旦国王侯赛因于当地时间1999年11时58分（北京时间17时58分）在安曼侯赛因国王医疗中心逝世，享年63岁。

约旦王子阿卜杜拉继任约旦王位。在侯赛因国王返回美国治病期间一直代理国事。阿卜杜拉王子是侯赛因国王和已离婚的第二任妻子所生。

得知侯赛因国王逝世的消息以后，国际上许多领导人都对他表示极高的赞誉。

联合国秘书长："全世界都在哀悼这位将毕生精力投入到中东和平事业中的国王。他再次证明：勇气是任何和平进程的基本要素。"

美国总统克林顿："侯赛因国王对于他领导了半个世纪的人民来说意味着什么，言语无法是表达的。他作为一个朋友和一种激励力量对我的作用，也是无法表达的。"

美国前总统克林顿 　　　　　　英国前首相布莱尔

异域王侯

走进科学的殿堂

异域王侯

英国前首相撒切尔

法国前总统希拉克

俄罗斯前总统叶利钦

英国首相布莱尔:"侯赛因是一个有着远见卓识、正直而果敢的人,他为和中东和平事业作出的贡献将永远为世界所铭记。"

英国前首相撒切尔:"他在历史上有着独一无二的位置。"

法国总统希拉克:侯赛因"为约旦人民的奉献是非凡的,他是世界上所有领导人的榜样。"

俄罗斯总统叶利钦:"他对中东形成新形象的贡献是无法估量的。"